菅野博史著

法華経入門

岩波新書

748

はしがき

本書で取りあげる『法華経《ほけきょう》』は、平易な表現と深い宗教性によって、古来「諸経の王」とたたえられてきた魅力ある経典である。そもそも仏教の経典は全部でどのくらいあるのであろうか。唐の智昇《ちしょう》撰『開元釈教録《かいげんしゃくきょうろく》』には、一〇七六部、五〇四八巻が記録されている。また、現在、仏教学者が用いる『大正新脩大蔵経《たいしょうしんしゅうだいぞうきょう》』に収められている経典は一四二〇部である。経典の内容に関しては、阿含《あごん》部、本縁《ほんえん》部、般若《はんにゃ》部、法華部、華厳《けごん》部、宝積《ほうしゃく》部、涅槃《ねはん》部、大集《だいじゅう》部、経集《きょうじゅう》部、密教部に分けられている。これだけ膨大な数の経典のなかで、『法華経』はわずかに一部八巻（または七巻）にすぎないが、東アジアの仏教世界において、欧米における『聖書』の地位に匹敵する地位をもっていた。

日本の仏教界で大きな勢力をもつ宗派がどのような経典を重んじているのかを見ると、天台宗は『法華経』を根本経典としながらも、『阿弥陀《あみだ》経』『大日《だいにち》経』『梵網《ぼんもう》経』も用いる。真言宗は『大日経』『金剛頂経《こんごうちょうきょう》』を重んじ、また『理趣《りしゅ》経』もよく用いる。浄土宗・浄土真宗は

『無量寿経《むりようじゆきよう》』『観無量寿経』『阿弥陀経』のいわゆる浄土三部経を重んじる。臨済《りんざい》宗は教外別《きようげべつ》伝《でん》・不立文字《ふりゆうもんじ》をいうが、『金剛般若経』『般若心経』『観音経《かんのんぎよう》』(『法華経』観世音菩薩普門品《かんぜおんぼさつふもんぼん》に相当する)などをよく用い、曹洞《そうとう》宗も『法華経』如来寿量品《によらいじゆりようほん》、『観音経』『般若心経』『大悲心陀《だいひしんだ》羅尼《らに》経』などをよく用いる。日蓮宗は『法華経』を重んじる。また、新宗教のなかでは、法華系新宗教と呼ばれる創価学会・立正佼成会・霊友会が大きな勢力をもっているが、これらはいずれも『法華経』を重んじる。

『法華経』は、決して仏教の哲学的理論書ではなく、一種の「宗教文学作品」というべきものである。三車火宅《さんしやかたく》、長者窮子《ちようじやぐうじ》、良医病子《ろういびようし》(治子《じし》)の譬喩《ひゆ》など古来有名な七つの譬喩が説かれ、人々に親しまれてきた。また、宇宙的スケールの壮大なストーリーが展開する。『法華経』の冒頭の序品《じよほん》では、釈尊が眉間からいきなり光を発射し、その光は東方の一万八千という多くの世界を明々と照らす。『法華経』を聴きに集まってきた者たちは、自分たちの眼前にそれらの世界の有様をつぶさに見ることができるのである。見宝塔品《けんほうとうほん》では、巨大な宝塔が大地から涌出《ゆじゆつ》し、空中にとどまる。その宝塔のなかから、釈尊の説いた『法華経』はすべて真実であるという声が聞こえてくる。声の主は、過去仏(釈尊以前に存在した仏)の多宝如来であるが、多宝如来の姿を拝見したいという聴衆の願いをかなえるために、釈尊は自分の作り出した大宇宙に散らばるすべての分身仏《ふんじんぶつ》(仏が神通力によって作り出した仏)を娑婆《しやば》(サハー)世界に集合させる。

そのために、釈尊は穢土《えど》である娑婆世界を仏が住むのにふさわしい浄土に転換させる。さらに、従地涌出品《じゅうじゆじゅっほん》では、釈尊滅後に『法華経』の担い手となる膨大な数の地涌《じゆ》の菩薩《ぼさつ》が大地を割って出現する。このように我々の度肝を抜くドラマがめくるめくように展開するのである。膨大な経典のなかで、『法華経』がもっともドラマティックな経典であり、そこに深い宗教思想が込められていることは誰もが認めてきたのである。

『法華経』は鳩摩羅什《くまらじゅう》(クマーラジーヴァ)の漢訳(中国語訳)では、約七万弱の文字数からなっている。分厚い文庫版の長編小説ほどの長さである。現代語の平易な小説ではないから、全部を読み通すことはなかなか難しいかもしれない。私はこれまで『法華経』を読み、研究してきたが、『法華経』の思想を一言で表わせと求められたならば、どのように答えたらよいであろうか。この問いを前にして、私は『法華経』に登場するある不思議な人物を思い出さざるをえない。彼は、自分の出会う人すべてに「私は深くあなたたちを尊敬する。軽んじあなどろうとはしません。なぜならば、あなたたちはみな菩薩の修行を実践して、成仏することができるであろうからです」と語りかける。つまり、彼はすべての人を未来の仏として尊敬するという実践をしたのであった。ところが、周囲の人々は彼にきわめて冷淡であり、それればかりか石をぶつけたり、杖で打ち据えたりする。それにもかかわらず、彼はこの実践行を一生貫いたのである。この人物は常不軽《じょうふきょう》菩薩という名の菩薩である。宮沢賢治の「雨ニモマケズ」の詩に出る

「デクノボー」は、この常不軽菩薩をモデルにしたとされ、宮沢賢治自身が彼のように生きたいと痛切に祈った人物である。

この、あらゆる人々を未来の仏として尊敬するという、きわめてシンプルではあるけれども混迷する現代の諸問題を解決に導くための基本的な視点、人としての振舞いの原点を指し示した思想と実践が『法華経』の真実の核心であると思う。

さて、「南無妙法蓮華経《なむみようほうれんげきよう》」は「南無阿弥陀仏《なむあみだぶつ》」と並んで、日本ではとてもなじみ深い言葉である。「南無」はサンスクリット語ナモー(namo)の音写語(音訳)で、帰依《きえ》、帰命《きみよう》という意味である。わかりやすくいえば、ある対象を深く信ずるという意味である。「阿弥陀仏」が釈尊(釈迦牟尼仏《しやかむにぶつ》)と並んでもっとも有名な仏であることは、だれもが知っているはずである。では、「妙法蓮華経」の方はどうであろうか。これが本書のテーマである『法華経』を指す。というのは、『法華経』は鳩摩羅什の翻訳した『妙法蓮華経』の略称だからである。したがって、「南無妙法蓮華経」は、『法華経』という大乗仏教の代表的経典の一つに帰依するという基本的な意味をもつが、さらにそれを超えて、『法華経』信仰者の主観においては、仏教の永遠の真理に帰依するという意味をもつに至る。

ところで、東アジアの仏教世界では、「南無阿弥陀仏」が歴史的にもっとも流行したといえる。現在でも、中国の寺院を訪ねると、仏教信者の多くは仏像に向かって「南無阿弥陀仏」と称《とな》えている。その他に「南無観世音大菩薩」という祈りの言葉も聞かれる。それに対して、「南無妙法蓮華経」という唱題は、日本の鎌倉新仏教の祖師の一人である日蓮の発明したものであり、過去の歴史においては日本でのみ見られたものである。教育の普及していない古代・中世において、文字の読み書きのできない一般の仏教徒にとって経典を読誦《どくじゅ》することは不可能であったし、深い瞑想、禅定《ぜんじょう》を体験することも困難であったから、念仏を称えること、『法華経』の題目(妙法蓮華経)を唱えることがもっとも身近な仏道修行であったといえる。

中国では、題目を唱える、すなわち唱題という易行《いぎょう》、だれにでも実践しやすい修行が発明されなかったので念仏だけが流行し、日本では日蓮が唱題を発明したので、唱題と念仏が並んで流行した。もっともこれら唱題、念仏は易行というだけではなく、それぞれの仏教の伝統のなかで、それなりに深い宗教哲学的な意義が見出されてきたことも忘れてはならない。

本書では、東アジアでもっとも広範に信仰されてきた『法華経』とはどんな内容の経典であるのかを『法華経』の内容に即して考え、あわせてインド、中国、日本での『法華経』の思想の展開、影響についても論究する。

なお、『法華経』はインドで成立したものであるが、本書では東アジアでもっとも流行し、したがって日本人の目、耳になじみの深い鳩摩羅什による漢訳の用語を主として用いる。『法華経』からの引用も、主として鳩摩羅什訳からの訓読訳か現代語訳を示す。ただし、サンスクリット語の原典(さまざまな写本があるので、標準として用いられるネパール系写本をもととするケルン・南条本を指すこととする。これを本書では梵本《ぼんぽん》と呼ぶ)と鳩摩羅什訳に重要な相違がある場合は、両者を比較して議論することもある。

本書の構成について説明すると、第一部の「『法華経』とは何か」では、『法華経』の全体的イメージを読者に把握してもらうことをねらいとする。第一章では、インド仏教史における初期大乗経典としての『法華経』の位置づけを行ないたい。第二章では、『法華経』の構想と全体のストーリーを紹介する。第三章では、テキストとしての『法華経』をめぐるさまざまな情報、たとえば成立史、翻訳、注釈書、中国の法華思想などについて説明する。第四章では、日本の古代・中世において、人々はどのように『法華経』と関わってきたのかを見てみたい。

第二部の「『法華経』の中心思想」では、第一章から第三章までは、『法華経』の基軸をなす三種の思想を個別に取りあげて、やや詳しく考察する。第四章では、『法華経』の七つの譬喩《ひゆ》について、その大要と意味について紹介する。

法華経入門

目次

目　　次

目　次

目　次

法華経二十八品一覧

序品 第一（じょほん）
方便品 第二（ほうべんぼん）
譬喩品 第三（ひゆほん）
信解品 第四（しんげほん）
薬草喩品 第五（やくそうゆほん）
授記品 第六（じゅきほん）
化城喩品 第七（けじょうゆほん）
五百弟子受記品 第八（ごひゃくでしじゅきほん）
授学無学人記品 第九（じゅがくむがくにんきほん）
法師品 第十（ほっしほん）
見宝塔品 第十一（けんほうとうほん）
提婆達多品 第十二（だいばだったほん）
勧持品 第十三（かんじほん）
安楽行品 第十四（あんらくぎょうほん）

従地涌出品 第十五（じゅうじゆじゅつほん）
如来寿量品 第十六（にょらいじゅりょうほん）
分別功徳品 第十七（ふんべつくどくほん）
随喜功徳品 第十八（ずいきくどくほん）
法師功徳品 第十九（ほっしくどくほん）
常不軽菩薩品 第二十（じょうふきょうぼさつほん）
如来神力品 第二十一（にょらいじんりきほん）
嘱累品 第二十二（ぞくるいほん）
薬王菩薩本事品 第二十三（やくおうぼさつほんじほん）
妙音菩薩品 第二十四（みょうおんぼさつほん）
観世音菩薩普門品 第二十五（かんぜおんぼさつふもんぼん）
陀羅尼品 第二十六（だらにほん）
妙荘厳王本事品 第二十七（みょうしょうごんおうほんじほん）
普賢菩薩勧発品 第二十八（ふげんぼさつかんぼつほん）

第一部　『法華経』とは何か

第一章 『法華経』は初期大乗経典である

『法華経』はインドで成立した初期大乗経典のなかの代表的な経典である。このことを理解するためには、大乗経典とは何か、大乗経典の時代区分などの問題をはじめとして、インド仏教史の大まかな流れを把握しておく必要がある。

1 釈尊の生涯

誕生・出家・成道

インド仏教の大まかな流れを簡潔に説明すると、何といっても仏教は釈尊《しやくそん》(生没年代は紀元前六世紀から五世紀、または紀元前五世紀から四世紀と推定される)の悟りから出発する。当時、インドにはインドの征服民族であるインドアーリヤ人の宗教、バラモン教が正統派として存在していたが、バラモン教の宗教的権威を否定して、新しい宗教、新しい真理を探求して出家した修行者(サンスクリット語ではシュラマナという。以下、重要な語句には対応するサンスクリット語をカタカナ表記で示す。シュラマナは漢訳仏典では沙門《しゃもん》と音写する)がいた。ジャイナ教の開祖ニガンタ・ナータプッタ(マハーヴィーラと尊称される)や釈尊も、それら出家者の仲間であった。

釈尊はネパール国境近くのカピラヴァストゥという小国の有力な指導者の後継者として生まれた。父は浄飯《じょうぼん》(シュッドーダナ)王、母は摩耶《まや》(マーヤー)夫人である。摩耶はカピラヴァストゥの郊外のルンビニー園で釈尊を生んで七日後に他界したので、摩耶の妹、摩訶波闍波提《まかはじゃはだい》(マハープラジャーパティー)が浄飯王の後妻となった。この女性は、後に比丘尼《びくに》の第一号となった。

釈尊という呼び名は、仏教の開祖に対する尊称であり、日本でよく用いられるが、すでに漢訳仏典や中国人の著作に用例が見られる。おそらく釈迦族出身の尊者という意味を簡潔に表現したものであろう。彼の姓名は、ガウタマ・シッダールタ(パーリ語では、ゴータマ・シッダッタ)と伝えられる。ガウタマはもっとも良い牛の意で、シッダールタは目的を成就した人を意味する。

彼の故国カピラヴァストゥは、当時の大国コーサラ国の属国であり、釈尊がどんなに文武に優れていても、彼の政治的な将来は不安に満ちたものであった。彼が聡明であればあるほど、世俗の世界を越えたところに永遠の安らぎを求めざるをえない理由があった。実際に彼の存命中に、カピラヴァストゥはコーサラ国に滅ぼされている。彼の父親が彼の出家を喜ぶはずはないが、彼は耶輸陀羅《やしゅだら》（ヤショーダラー）と結婚し、長男羅睺羅《らごら》（ラーフラ）が生まれたことにより後継者の憂いがなくなったので、長年の念願であった出家を敢行した。彼は、二十九歳で出家し（近代以前の中国・日本では十九歳説が一般的であった）、当時流行していたヨーガの修行によって悟りを目指した。ヨーガの先生のアーラーダ・カーラーマに無所有処《むしょうしょ》という境地を学び、ウドラカ・ラーマプトラに非想非非想処《ひそうひひそうしょ》という境地を学んだといわれる。しかし、彼はそれらの境地に満足することができず、ヨーガと並んで、当時流行していたもう一つの宗教的修行法である苦行の生活に入った。苦行は断食などの肉体的な苦痛の体験を通して悟りを得ようとするものであるが、六年の厳しい苦行のかいもなく、彼の求める悟りは得られなかった。そこで、彼は苦行を捨て、尼連禅河《にれんぜんが》（ナイランジャラー河）で沐浴し、村の娘スジャーターの供養してくれた乳粥を食べて体力を回復し、ピッパラという樹木の下で坐禅瞑想をして、ついに悟りを開いた。これを成仏《じょうぶつ》（仏になること）、成道《じょうどう》（道＝悟りを完成すること）などという。三十五歳のときであった（近代以前の中国・日本では三十歳説が一般的であった）。

梵天勧請と初転法輪

彼は悟りを開いたので、ブッダと呼ばれた。ブッダは、目覚めるという動詞から作られた言葉で、目覚めた人の意である。眠りから目覚めるように、迷いから目覚めた人を意味する。また、彼の出身部族は釈迦族なので、釈迦族の聖者という意味で、釈迦牟尼（シャーキャムニ）と呼ばれることもある。牟尼は、沈黙を守る聖者のことである。また、世尊《せそん》（バガヴァット）と呼ばれることがあるが、これは世間のなかでもっとも尊い人の意である。如来《にょらい》（タターガタ）と呼ばれることもあるが、如来には真理に到達した人、あるいは真理の世界からやって来た人とする説など種々の語義がある。

釈尊は悟りを開いた後、世の人々が欲望に支配されているため、自分の悟った法をとても理解できないであろうと考え、その法を説くことを断念して、そのまま涅槃《ねはん》（ニルヴァーナ）に入ろうとしたという。『サンユッタ・ニカーヤ』には、「わたしのさとったこの真理は深遠で、見がたく、難解であり、しずまり、絶妙であり、思考の域を超え、微妙であり、賢者のみよく知るところである」（中村元訳『悪魔との対話』岩波文庫、八三頁）という釈尊の言葉が伝えられている。そのとき、バラモン教の世界創造神、梵天《ぼんてん》（ブラフマー）が現われ、釈尊に説法を願った。これは梵天勧請《かんじょう》（勧請は、お願いするの意）と呼ばれている。釈尊は梵天の勧請を受けいれ、かつての修行仲間である五人の出家者に対して説法をするために鹿野苑《ろくやおん》（ムリガダーヴァ）に行く。これら五人の出家者は、釈尊が苦行を捨てたために、彼を堕落したと見なして、彼のもとを離れ去った者たちであった。釈尊は彼らに不苦不楽の中道や四諦八正道《したいはっしょうどう》(三九頁参照)を説いた。これを最初の説教という意味で、初転法輪《しょてんぼうりん》(初めて法輪を転ずる)という。このようにして、仏教そのものがこの世界においてはじめて開示されたのである。

その後、釈尊はガンジス河中流域を中心として活動を展開し、多くの出家修行者を導き、またさらに多くの在家信者を指導した。釈尊は死の床でスバドラを最後の弟子として導くまで、倦《う》むことなく人々に教えを説き続けた。釈尊の死を涅槃《ねはん》に入るといい、八十歳のときのことであった。

2　原始仏典の成立と部派仏教の発達

上座部と大衆部の分裂

釈尊の死後、ほどなくして摩訶迦葉《まかかしょう》が中心となって五百人の比丘《びく》が、釈尊の説いた教えを整理、編集したと伝えられる。これを第一結集《けつじゅう》と呼ぶ。このとき、経蔵《きょうぞう》、つまり経典(スートラ)の集成と、律蔵《りつぞう》、つまり戒律(ヴィナヤ)の集成の原型が成立したといわれるが、結集されたものの内容についてはまったく不明である。しかし、釈尊の教えは、このとき結集されたものを骨格として、多少の肉付けを伴いながら、口伝《くでん》によって伝承されていった。

さて、釈尊の入滅後百年、ないし二百年ほどして、ヴァイシャーリーのヴリッジ族出身の比丘が十事《じゅうじ》（在家《ざいけ》信徒から物ではなく金銀の布施《ふせ》を受ける、正午を過ぎて食事を摂《と》る、塩を貯蔵することなど十の行為）を提唱したので、七百人の比丘がヴァイシャーリーに集まって、この十事を伝統的な律の規定に違反するものと裁定した。ところが、この十事をめぐる対立は、ついに伝統重視派の上座部《じょうざぶ》と時代適応派の大衆部《だいしゅぶ》との教団の分裂に発展した。このとき、それぞれのグループにおいて、仏典の第二結集が行なわれたといわれる。我々はこれ以前の仏教を原始仏教（初期仏教）といい、これ以後を部派仏教と呼んでいる。

教団の分裂の事情や、仏典の結集については上記以外の異説があり、正確な歴史的事実はわからない。いずれにしろ、数回の結集が重ねられていく過程で、原始仏典の内容が一応完成し、教団が分裂して多くの部派が成立した後には、各部派は、それまで口伝によって伝承してきた、内容的には一応完成している仏典に、さらに独自に編集の手を加えて整理し、各部派の経蔵、律蔵を確立していったと思われる。また、各部派独自の解釈文献である論《ろん》（アビダルマ）蔵《ぞう》も成立した。ここに成立したものが三蔵と呼ばれ、現在に伝わる原始仏典となっている。

紀元前三世紀頃、アショーカ王の子供（弟とする説もある）マヒンダがスリランカに仏教を伝えた。スリランカを拠点として、ミャンマー、タイ、カンボジア、ラオスなどに伝わった仏教を南伝仏教というが、これらの地域では、古典サンスクリット語(古代インドの文法家パーニニによって規定された標準語)に対して、その民衆語であるパーリ語(パーリとはもと聖典の意)によって記された仏典を用いている。パーリ語の三蔵のうち、経蔵は、ディーガ・ニカーヤ(漢訳の『長阿含《じょうあごん》経』に対応)、マッジマ・ニカーヤ(漢訳の『中《ちゅう》阿含経』に対応)、サムユッタ・ニカーヤ(漢訳の『雑《ぞう》阿含経』に対応)、アングッタラ・ニカーヤ(漢訳の『増一《ぞういつ》阿含経』に対応)、クッダカ・ニカーヤ(漢訳では、独立した経典群としてではなく、多くの対応する経典が個別に散在する)の五ニカーヤ(ニカーヤは部分の意)から構成されている。ちなみにこれらの経典名にある「阿含」の原語であるアーガマは「伝来されたもの」という意味である。

枝末分裂から経典編集へ

上座部と大衆部との大きな分裂を根本分裂といい、その後の細かな枝分かれを枝末分裂と呼ぶ。紀元前一世紀頃までには、約二十の部派が生まれたといわれる。上座部からは、説一切有《せついっさいう》部《ぶ》、スリランカに伝わった分別上座《ふんべつじょうざ》部、経量《きょうりょう》部、化地《けじ》部、法蔵《ほうぞう》部、犢子《とくし》部、飲光《おんこう》部、正量《しょうりょう》部が枝分かれし、大衆部からは、一説《いっせつ》部、説出世《せつしゅつせ》部、雞胤《けいいん》部、多聞《たもん》部、説仮《せっけ》部、制多《せいた》山《せん》部などが枝分かれした。

ところで、各部派の経典の編集作業も長時間をかけて段階的に行なわれていったと推定される。したがって、同じ部派の経典であっても、増広されたもの、縮小されたものなどさまざまな形態が存する。また、部派が異なれば、同じ題材を扱っている経典であっても、その内容にさまざまな相違点が見出される。しかしながら、ある時点まで共通の伝承を受けていたのであるから、その後の各部派独自の変化を被っているとはいえ、大部分は共通の要素から成り立っているといえる。

なお、口伝によって伝承されてきた仏典が、文字に書写されたのは、スリランカの上座部において、西暦紀元前一世紀ころといわれる。

以上述べたように、原始仏典も釈尊の直説《じきせつ》をそのまま記録したものではなく、数回にわたる結集、二、三百年にわたる口伝、意識的な編集整理などによって、変化を被っていることは紛れもない事実である。しかしながら、原始仏典は、確かに釈尊の説に基づいたものであることも疑いえない事実なのである。この点は、後に見る大乗経典との対比上、重要である。

部派仏教では、各部派が、釈尊の遺した経蔵、律蔵を正しく伝承することに努力するとともに、釈尊の思想の理論的整理に努め、論蔵を発達させた。たとえば、説一切有部(サルヴァースティ・ヴァーディン)では、七十五種類のダルマ(法と漢訳する。存在するものの意)を五種(色法・心法・心所法・心不相応行法・無為法)に分類し、精緻なダルマの理論を確立した。

3　大乗仏教の成立

部派仏教の批判勢力

このように発達した部派仏教であったが、その一部(とくに説一切有部)は紀元前一世紀頃から登場した大乗仏教から小乗(ヒーナヤーナ。劣った乗り物＝教えの意)と厳しく批判された。一方で、大乗仏教は自らをマハーヤーナ(大きな乗り物＝偉大な教え)と呼んだ。部派仏教は釈尊の教えを伝持し、出家者の僧院仏教として社会的な勢力をもち、それを支える在家の仏教信者も相当数いたと思われるが、ともすると学問仏教に陥り、現実社会から遊離して衆生《しゅじょう》救済という宗教としての生命を喪失してしまった面があったようである。すべての生きとし生ける者の成仏を高く掲げる大乗仏教の登場する理由が、まさにこのような部派仏教の欠陥、宗教の本質から逸脱したあり方を乗り越えることにあったと考えられるからである。

大乗仏教の担い手たちは、伝統的保守的な部派仏教を厳しく批判しながら、新しい宗教運動を展開したが、その中で新しい大乗経典を次々に生み出していった。とはいっても、経典の形式という点では、大乗経典もあくまで歴史上の釈尊が説いたという建前を守っていることに注意する必要がある。

その大乗経典の成立時期を三期に分けると、紀元前一世紀から紀元後三世紀頃までに『般若《はんにゃ》経』『法華経』『維摩《ゆいま》経』『無量寿《むりょうじゅ》経』『阿弥陀経』『十地《じゅうじ》経』(後に『華厳経』の一部分として組み込まれる)などの初期大乗経典が生まれ、四世紀頃から『解深密《げじんみつ》経』などの唯識系経典、『勝鬘《しょうまん》経』、大乗の『涅槃《ねはん》経』などの如来蔵系経典などの中期大乗経典が生まれ、七世紀頃から後期大乗経典としての『大日経』『金剛頂《こんごうちょう》経』などの密教経典が生まれたと推定される。

現在の仏教学では、大乗経典は新しい宗教運動の中で彼ら運動者たちの信仰を盛り込んだ形で創作されたと考えられている。いわゆる大乗非仏説の議論である。日本の仏教界には、ある時期、この考えに対する激しい反発もあったが、現在では基本的に受け入れられているといえる。

しかし、非仏説といって大乗経典を切り捨てるだけでは、人類のすぐれた宗教的遺産ともいうべき魅力的な大乗経典の思想を葬ることになってしまう。そこで、とくに初期大乗経典の成立事情について、私の仮説を提示したい。

初期大乗経典成立の背景

初期大乗経典は、釈尊の生涯と思想の新たな解釈であると捉えることができよう。釈尊の生涯と思想は原始経典に説かれ、伝承されてきたものである。では、素材そのものは原始経典であるのに、どのようにして新たな解釈の枠組は形成されたのであろうか。この問題を内と外の二つの視点から考えてみたいと思う。

内とは、初期大乗経典に広く見られる見仏三昧《けんぶつざんまい》(瞑想のなかで仏を眼前に見ること)などの宗教的体験を意味する。歴史上の釈尊が八十歳で亡くなって、もはや存在しない無仏の世だからこそ、いかにして仏と出会うのかという問題が宗教的関心の的となり、仏を見るという体験が重視された。

外の視点には、さらに二つある。第一は、部派仏教との対決という情況である。最近の研究によれば、大乗と部派仏教を単純な対立図式で見ることはできなくなった。また、大乗仏教の担い手は在家信者、部派仏教は出家の比丘という対立図式で見ることもできなくなった。というのは、部派仏教の一部から大乗経典が制作されたという可能性を指摘する考えが出てきたからである。しかしながら、もしそうだとしても、従来の部派仏教の思想とは大いに異なる思想が大乗経典に盛り込まれていることは事実であるし、大乗経典の非仏説であることを厳しく指摘する仏教徒が存在したことも確かであることから推定すると、大乗経典の宗教的権威を認める部派(あるいはその一部)と認めない部派(あるいはその一部)という対立図式がやはり存在したはずである。また、大乗仏教の担い手が単純に在家信者ということはできなくとも、この大乗仏教の基本的な思想のなかに、在家信者に対して出家の比丘と平等な救済の可能性を開放する思想があったことは強調されてよいと思う。外の視点の第二としては、紀元前四世紀以来のギリシャ民族の北西インドへの侵略にともなって生じた東西の文化交流の影響を考えるべきであろう(ガンダーラの仏像はその代表的例)。西方の極楽浄土の阿弥陀如来の起源について、インドから西方に位置するイランのゾロアスター教の光明の神アフラマズダの影響を指摘する学者もいるほどである(もちろんこの学説に対する反論もある)。西方の文化の影響は我々の想像以上に大きかったのかもしれない。

初期大乗経典の思想

要するに、より具体的な情況を想像していえば、次のように整理できないであろうか。東西の文化交流によってもたらされた伝統文化の揺らぎと新しい文化理念への欲求という時代情況のなかで、一部の仏教徒が伝統的な部派仏教はもはや新しい時代の宗教的ニーズに応えることはできないと厳しく批判しながら、自らの宗教体験に基づいて、釈尊の生涯と思想を新たに解釈して、この新しい宗教的ニーズに応えることのできる新しい仏教思想を創造し、これをあくまで歴史上の釈尊の説いた真実の経典として制作したものが初期大乗経典であるということである。

この新しい宗教的ニーズの内容がいかなるものであるかを知るためには、初期大乗経典に盛られた思想内容から推定する以外にはないのであるが、大ざっぱにいえば、絶対的な救済力をもった新しい仏や大菩薩の出現に対する待望、慈悲に基づく利他行《りたぎょう》に対する強い要請、出家と在家の宗教的権威の差別（具体的には、出家者は阿羅漢《あらかん》、すなわちすべての煩悩を断ち切り、二度とこの世に輪廻しない最高位の修行者になることができるが、在家者は在家のままでは阿羅漢になることができないなどの差別）の撤廃への希望などである。

なお、これまで初期大乗経典、あるいは大乗仏教と呼んできたが、ここで注意しなくてはならない点がある。それは、大乗仏教といっても、とくに初期の段階では、けっして一枚岩の宗教団体といったものではなく、インドの複数の地域、あるいは同一地域の複数のグループが、それぞれ独自の新しい仏教思想を形成しながら、それをそれぞれの大乗経典に盛り込んで制作していった運動の全体を、かりに大乗仏教と一括して呼んでいるにすぎないということである。たとえば初期大乗経典のなかの『般若経』『法華経』『維摩経』『阿弥陀経』などの経典を制作したのは、互いに異なるグループであったと推定される。なぜならば、それらの経典に説かれる修行論、救済論がたがいに異なっているからである。

さて、初期大乗経典の成立した頃に、龍樹《りゅうじゅ》（ナーガールジュナ。二世紀―三世紀頃）が『般若経』の空《くう》の思想を理論化し、中観派《ちゅうがん》を確立した。また、中期大乗経典の唯識系経典の成立とともに、無着《むじゃく》（アサンガ。四世紀）、その弟の天親《てんじん》（世親《せしん》とも訳す。ヴァスバンドゥ。四世紀）らが瑜伽行唯識《ゆがぎょうゆいしき》派を確立した。大乗仏教はこの中観派と瑜伽行唯識派を二大学派とする。ただし、大乗仏教が出現しても、部派仏教が消えてなくなったわけではなく、インドにおいては大乗仏教よりも大きな社会的勢力をもち続けたと推定される。大乗仏教はインド本国ではなく、むしろ中央アジア(西域)、東アジアで隆盛をみるようになった。

インドにおける仏教の滅亡

大乗仏教は仏教の大衆化を図ったものであり、この大衆化には呪術《じゅじゅつ》的な要素が付き物であった。つまり密教的な要素が含まれていた。この密教的な要素がしだいに発達して、七世紀頃になると、純密といわれる密教経典が成立する。密教は、インドの民族宗教であるヒンドゥー教ときわめて類似した儀礼、呪術をもつようになった。これは、仏教が密教化することによってヒンドゥー教の中に埋没していったことを意味する。十三世紀の初めに、イスラーム教徒によって大寺院ヴィクラマシーラが破壊され、インドにおける仏教は滅亡した。

第二章 『法華経』の構想の基盤と全体の構成

1 釈尊中心の『法華経』

釈尊の生涯と思想の新しい解釈

他の大乗経典と同じく、『法華経』も形式的には、歴史上の釈尊が臨終の直前に説いたことになっているが、実際には紀元一、二世紀頃に成立したものと推定されている。そこで、本書において『法華経』の思想を説明するとき、『法華経』の内側に入って、『法華経』の内容をそのまま紹介する場合、『法華経』を外側から見る、言い換えれば、『法華経』を、それが実際に成立した歴史のなかに置いて見る場合、現代の立場から『法華経』の宗教的意味を考察する場合などをそれぞれ意識的に区別する必要があるであろう。

さて、前章で「初期大乗経典は、釈尊の生涯と思想の新たな解釈であると捉えることができる」と記したが、この規定はとくに『法華経』に当てはまる。『法華経』の制作者が、自覚的に釈尊の生涯を下敷きにして、『法華経』のドラマを構想していることは明らかである。

釈尊の生涯のなかで最も重要な事件は、釈尊の成道《じょうどう》、梵天勧請《ぼんてんかんじょう》、初転法輪《しょてんぼうりん》、八十歳での涅槃《ねはん》であると捉えられる。仏教にとって、すべての出発点は釈尊の菩提樹の下での悟りにあることはいうまでもない。しかも釈尊の悟りは言葉として説かれなければ仏教は成立しないのであるから、梵天の勧請を受けての初転法輪はきわめて重要である。そして、釈尊はその後八十歳までの四十余年間、倦《う》まずたゆまず説法し続け、ついに八十歳で涅槃に入ったのである。

『法華経』の大きな特色は、いろいろな意味で釈尊を中心としていることである。まず、右に述べた生涯の事件のそれぞれを基礎に踏まえ、それらに対して新たな解釈を提示している。具体的に見ていこう。

第一に、釈尊は菩提樹のもとでダンマ(法)、サッダンマ(正法)を悟ったといわれる。『法華経』制作者は、このパーリ語のサッダンマに相当するサンスクリット語サッダルマを経典のタイトルに用いて、サッダルマプンダリーカ・スートラ(直訳すれば、「正法の白蓮華《びゃくれんげ》の経」、「白蓮華のような正法の経」などとなる。竺法護《じくほうご》は「正法華経」と訳し、鳩摩羅什は「妙法蓮華経」と訳した)とし、諸仏の共通に説く究極の法として位置づけた。

第二に、さきの梵天勧請に対応するものとして、『法華経』では舎利《しゃり》弗《ほつ》(釈尊の弟子のなかで、智慧第一とたたえられた声聞《しょうもん》(三〇頁参照))が釈尊に対して説法の勧請を行なっている。

第三に、この舎利弗の勧請に応えて、釈尊は一仏乗《いちぶつじょう》(たんに一乗《いちじょう》ともいう。すべての衆生を平等に成仏させることができるとする教え)の思想を説くが、これは梵天勧請を受けて、釈尊が初めて法輪を転じたことに完全に対応する。すなわち『法華経』では、この一仏乗の思想の宣言を、「ふたたび無上最大の法輪を転じた」ものと明確に位置づけている。このような第二の法輪とみる捉え方は、『法華経』に限定されるものではなく、他の大乗経典にも見られるが、このことは伝統的な部派仏教の伝承する原始経典が釈尊の第一の法輪に基づくものであるのに対して、大乗経典が釈尊の第二の法輪に基づくこと、言い換えれば、大乗経典は新たな創造であることを、大乗経典の制作者が十分に自覚していたことを示している。

第四に、八十歳での釈尊の涅槃を、『法華経』は久遠《くおん》の釈尊が「方便によって涅槃を現ずる」姿として新たに解釈した。つまり、永遠の生命をもつ釈尊が、衆生を救済する巧みな手段(方便)として、かりに涅槃に入る姿を示すという思想である。

以上の四点のうち、はじめの三点は方便品《ほうべんぼん》第二(『法華経』は二十八章からなり、それぞれを○○品と呼び、通し番号を付けて第一、第二などと表わす)に説かれるもので、本書の第二部・第一章でより詳しく説明する。第四点は如来寿量品《にょらいじゅりょうほん》第十六に説かれるもので、第二部・第二章で扱う。

諸仏の統一・統合のねらい

このように、『法華経』は、釈尊の生涯の重大事件を下敷きに構想されたものであり、その点で他の大乗経典が多くの場合、釈尊以外の新しい仏・菩薩を創作し、それらによる衆生救済をテーマとするのとまったく異なっている。『法華経』はあくまで歴史的人物である釈尊に即して永遠の生命をもつ釈尊を構想し、その釈尊による救済をテーマとするのである。

また、釈尊を中心とするという『法華経』のねらいは、見宝塔品《けんほうとうほん》第十一の三変土田《さんぺんどでん》(三度にわたって穢土《えど》である娑婆《しゃば》世界を浄化し、大宇宙に散らばっている諸仏を呼び集めること)に見られる諸仏の空間的統一、如来寿量品の久遠《くおん》の成仏(釈尊がはるかな過去に成仏したと説く)に見られる諸仏の時間的統一にはっきりと見て取ることができる。これについても本書の第二部・第二章で扱う。また、諸仏そのものの統一ばかりでなく、方便品の一仏乗の思想には諸仏の教えの統一を見て取ることができる。要するに、『法華経』は諸仏と諸仏の教えを統一、統合するというねらいを明確にもっていたと考えられる。

しかし、『法華経』は哲学的な理論書ではないので、これらの思想をいわば演劇的に表現しているといえる。したがって、前述したように、『法華経』を歴史的視点に立って考察することや、宗教哲学的視点に立って考察する必要が生じるのである。『法華経』をありがたい仏の説法としてのみ推し頂くのであれば、『法華経』の魅力を現代人に説得力をもって語ることはできないであろう。

『法華経』は壮大なドラマを展開し、平易な表現のなかに深い宗教性をたたえ、万人に自らを開いた経典である。本書の目指すものは、そのような『法華経』の魅力の秘密を探ることである。

2　『法華経』のプロローグとキーワード

『法華経』全体の構成に関しては、後に紹介するように、中国の『法華経』の注釈家が熱心に研究した。というのは、経典の注釈書（経疏《きょうしょ》という）の主要な内容が経典の段落分け（分科《ぶんか》という）であったからである。中国の仏教徒にとっては、衆生を救済しようとする仏の意図は経典のすみずみにまで浸透しているはずで、経典のどんな箇所や言葉も無駄なものなどあるはずはなかった。経疏はそのことを立証するために経典の全体を段落分けし、それぞれの段落の意義を明らかにすることに努力したのである。ここでは、中国の分科にあまりこだわらずに、自由に小見出しを設け、また基本的な仏教用語、仏教思想の解説を織り込みながら、二十八品の流れを簡潔に見ていきたい。

序品はいうまでもなく、『法華経』全体の序である。すべての経典は原則的に、「如是我聞《によぜがもん》。一時仏住《いちじぶつじゅう》……、与大比丘衆《よだいびくしゅ》……倶《く》」(是の如《かく》く我れ聞きき。一時《いちじ》、仏は……に住し、大比丘衆《だいびくしゅ》の……と倶《とも》なり)という定型的表現によって始まる。原始経典、大乗経典のいずれも釈尊によって説かれたとする伝統的な仏教の建前に則《のっと》って、釈尊の侍者である阿難《あなん》(アーナンダ)が自ら聞いた内容を、以下に報告するという形式を取っている。また、釈尊によって説かれた時期は不確定な表現ではあるが、「一時」(ある時)とされ、説法の場所と釈尊に伴った弟子の数、さらに聴衆の名前を列挙して、釈尊の説法の事実性の証拠としている。

龍樹(ナーガールジュナ)著と伝えられる『大智度論《だいちどろん》』(『大品《だいぼん》般若経』の注釈書)巻第一には、すべての経典の冒頭に「如是」とある理由について、「仏法という大海は、信によって入ることができ、智によって渡ることができる。如是の意味は信にほかならない。もし人の心に清らかな信があればこの人は仏法に入ることができ、もし信がなければこの人は仏法に入ることができない。信じない場合は、この事がらはこの通り(如是)ではないという。これは不信のすがたである。信じる場合は、この事がらはこの通りであるという」(『大正新脩大蔵経』第二五巻・六二頁上段)と説明し、仏教における信の重要性を指摘している。つまり、「如是」は経典に対する信心を示すものと解釈している。

序品は、「如是我聞」の定型句の次に、『法華経』を聴くためにマガダ国の首都ラージャグリハ（王舎城《おうしゃじょう》）の郊外にある霊鷲山《りょうじゅせん》に集まってきた聴衆の名を紹介する。出家の比丘、比丘尼、菩薩、神々をはじめとする想像上の生物、すなわち天龍八部衆《てんりゅうはちぶしゅ》をあげ、最後に、阿闍世《あじゃせ》（アジャータシャトル）王をあげる。ちなみに、阿闍世王は、マガダ国の国王である。父王を幽閉して餓死させ、提婆達多《だいばだった》と組んで釈尊に反逆したが、不治の皮膚病にかかり、ついに釈尊に帰依したといわれる。原始経典の説法の舞台と異なり、大乗経典はスケールの大きな舞台を設定するのが通例であるが、『法華経』はその典型的な例を示している。

ちなみに霊鷲（グリドラクータ）山は小高い丘で、頂上が平らになっており、釈尊の説法場所の一つとして有名である。歴史上の釈尊はこの霊鷲山での説法の後、故郷を目指して旅立ち、三カ月後に涅槃に入った。この旅路の様子は原始経典の『涅槃経』（大乗経典の『涅槃経』とは別）に詳しく説かれている。『法華経』は釈尊の臨終直前の説法という設定であるから、霊鷲山を説法の場所として選んだのである。もちろん、ここに本経に列挙されるような膨大な数の人が集まれるはずはないので、大乗経典が創作であることを自ら明かしているともいえよう。

さまざまな聴衆

聴衆は、大きく分けると、人間と人間でないものの二種に分けられる。前者が比丘、比丘尼、優婆塞《うばそく》、優婆夷《うばい》の四衆であり、後者が天《てん》、龍《りゅう》、夜叉《やしゃ》、乾闥婆《けんだつば》、阿修羅《あしゅら》、迦楼羅《かるら》、緊那羅《きんなら》、摩睺《まご》羅迦《らが》の、いわゆる天龍八部衆である。

比丘（ビクシュ）は男性の出家の修行者、比丘尼（ビクシュニー）は女性の出家の修行者、優婆塞（ウパーサカ）は男性の在家の信者、優婆夷（ウパースィカー）は女性の在家の信者である。戒名に用いられる居士《こじ》、信士《しんじ》はウパーサカの、信女《しんにょ》はウパースィカーの訳語であり、いずれも在家の仏教信者であることを示すものである。

天（デーヴァ）は帝釈天（神々の王シャクラ。バラモン教のインドラ神が仏教に取り入れられた）、四天王、梵天、自在天などの神々である。龍（ナーガ）は水中の龍宮に住む蛇形の鬼神で、後に述べる女性の成仏を象徴する龍女は娑竭羅《しゃから》（サーガラ）龍王の八歳の娘である（提婆達多品第十二に説かれる）。夜叉（ヤクシャ）はもと財宝の神クベーラの配下と考えられる鬼神で、仏教に取り入れられ、毘沙門天の眷属で、北方を守護する。乾闥婆（ガンダルヴァ）は食香《じきこう》と漢訳し、もと神々の飲料であるソーマ酒を守護し、仏教に取り入れられ、緊那羅とともに帝釈天に音楽で仕える神となった。阿修羅（アスラ）はもと善神であったが、後にインドラ神と争う悪神とされ、仏教では、六道《ろくどう》（六種の生存領域。三四頁参照）の一として、須弥山《しゅみせん》の下の海底に住む鬼神となった。迦楼羅（ガルダ）は金翅鳥《こんじちょう》と漢訳し、金色の翼をもつインドの架空の大鳥で、龍を常食とする。これは毒蛇を食べる孔雀をモデルとして想像された鳥類である。緊那羅（キンナラ）

は人非人《にんひにん》と漢訳し、もと美しい声をもち、よく歌舞をなす天の楽神《がくしん》で、仏教では、乾闥婆とともに帝釈天に音楽で仕えるとされる。摩睺羅迦(マホーラガ)は大腹《だいふく》、質朴《しっぽく》、非人《ひにん》、大胸腹行《だいきょうふくぎょう》と漢訳し、大蛇の鬼神である。

このように、聴衆に人間以外の生物、想像上の生物を含むことは、現代人には奇妙に感じられるが、ここには、生物は地獄、餓鬼、畜生、阿修羅、人、天の六道を輪廻《りんね》するという、連続的生命観をもつインド思想の反映を見ることができる(輪廻思想については三二頁参照)。さまざまな生物が衆生《しゅじょう》(サットヴァ)という概念によって括《くく》られるのである。

これらの聴衆にむかって、釈尊は無量義《むりょうぎ》(無限の教説の意)という名の大乗経典を説き、その後に無量義《むりょうぎ》処《しょ》(無限の教説の基礎の意)という名の三昧《さんまい》(瞑想の境地)に入ってしまう。その時、その三昧の力によって、天から花が降り注ぎ、大地が震動し、さらに釈尊の眉間白毫相《みけんびゃくごうそう》(眉間にある白く細い右回りの巻き毛。この相は仏と転輪聖王《てんりんじょうおう》、つまり武力によって世界を統一する理想的帝王のみが備える三十二相の一つである)から光が放たれ、東方の一万八千の世界が明々と照らされ、そのありさまが聴衆の眼前に展開するという不可思議な現象が生じた。このように『法華経』はスケールの大きな話を冒頭から展開するが、これは荒唐無稽な話として受けとめられるであろうか、あるいは人々は大宇宙の果てにまで飛翔するインド人の想像力の翼に感嘆するであろうか。流星群の観察が流行となったり、宇宙線のキャッチに取り組む女性科学者を主人公とするアメリカ映画が話題になるところを見ると、我々の世界と共通性をもちながらも、コミュニケーションの手段やそこに住む生物の大きさなどがまったく異なる無限の数の世界をこの大宇宙に想像したインド人の直観は、私には魅力的に思われる。

弥勒の質問と文殊の答え

不可思議な現象に驚いた弥勒《みろく》(マイトレーヤ)菩薩はその現象の意味について、聴衆を代表して文殊《もんじゅ》(マンジュシュリー)菩薩に質問する。文殊菩薩は自己の過去の体験、すなわち過去世における同一の名をもつ二万の日月灯明《にちがつとうみょう》(チャンドラ・スールヤ・パリディーパ)如来の最後(二万番め)の日月灯明如来が、今とまったく同じ不可思議な現象の後に、三昧を出て『法華経』を説いたこと、そしてそのとき自分は妙光《みょうこう》(ヴァラ・プラバ)という名の菩薩として『法華経』を聴き、日月灯明如来が涅槃に入った後に、仏が出家以前に儲《もう》けた八人の子供を教化したこと、その八番目の王子が成仏して燃灯仏《ねんとう》になったこと、妙光の弟子の中に利益《りやく》に執著し、経典を読《どく》誦《じゅ》しても理解できず、すぐに忘れてしまう求名《ぐみょう》(ヤシャス・カーマ)というものがいたが、それが今の弥勒であることなどを語り、今の釈尊も三昧を出た後、きっと『法華経』を説くであろうと答える。

さきに東方の一万八千の世界が照らされたと述べたが、仏教の一世界は九山八海《くせんはっかい》からなり、中心の山を須弥《しゅみ》(スメール)山といい、もっとも遠くの外周に位置する山を鉄囲山《てっちせん》という。そこで、九つの山の間に八つの海があることになる。須弥山の周囲四方には四大陸があり、須弥山の周りを日月が回っているとする。

こうして序品では、東方の世界のさまざまな衆生のありさま、仏が説法している姿、四衆《ししゅ》(比丘・比丘尼・優婆塞・優婆夷)が修行し悟る姿、菩薩が修行している姿、仏が涅槃に入る姿、仏滅後に仏塔を建立する姿などが霊鷲山の聴衆によって見られる。後の偈頌《げじゅ》(韻文形式で散文の部分を繰り返し説くもの)においては、東方の世界の仏が声聞乗《しょうもんじょう》、縁覚乗《えんがくじょう》、菩薩乗《ぼさつじょう》の三種の教えを説くことが示されている。また、菩薩が六波羅蜜《ろくはらみつ》(四四頁参照)を修行する姿も見られる。また菩薩たちが仏滅後、仏の舎利を供養し塔廟《とうみょう》を建立することも記されている。ここには釈尊死後の仏塔信仰、部派仏教や大乗仏教のありさまなどが描写されており、釈尊滅後の仏教の歴史、とりわけ『法華経』成立時の仏教界の現状を反映したものであろうとの学者の興味深い推定もある。

弥勒信仰と智慧の文殊

質問者の弥勒は有名な菩薩である。弥勒は一生補処《いっしょうふしょ》の菩薩(次の世で成仏することが確定している最高位の菩薩)とされ、釈尊が涅槃に入った後、五十六億七千万年後に兜率《とそつ》(トシタ)天から娑婆世界に下生《げしょう》し、龍華樹《りゅうげじゅ》の下で坐禅瞑想して成仏し、龍華三会《さんね》と呼ばれる三回の説法を行ない、衆生を救うと、弥勒系の経典に予言されている。したがって、現在はまだ菩薩であるので弥勒菩薩と呼ばれることもあるが、仏になることが確定しているので、弥勒仏、弥勒如来と呼ばれることもある。

この弥勒に対する信仰には、上生《じょうしょう》信仰と下生《げしょう》信仰の二種類が区別される。上生信仰は、死後、弥勒の住む兜率天に往生し、弥勒がこの世に下生するとき、ともに生まれてきて、弥勒の龍華三会に出会い、それによって救われることを望む信仰である。下生信仰は、弥勒がこの世に現われるときに、輪廻転生《りんねてんしょう》を続ける自分が弥勒にタイミングよく出会って、龍華三会によって救われることを望む信仰である。これは五十六億七千万年後の出会いを想定する場合もあるし、弥勒の出現をこの現世で期待する場合もある。上生信仰は、中国、日本いずれにおいても、阿弥陀仏の極楽往生の信仰に凌駕されて廃《すた》れていくが、下生信仰は宗教的指導者を弥勒の化身、生まれ変わりとする信仰に変化して存続してきた。中国、日本で流行した埋経《まいきょう》、つまり経典（主に『法華経』）を書写して経筒《きょうづつ》の中に入れ、地中に埋めるという信仰は、この弥勒信仰と密接な関係があった。というのは、書写の功徳《くどく》によって、弥勒に出会うことを期待したからである。

中国の寺院に行くと、本尊（主に釈尊、毘盧舎那《びるしゃな》如来、阿弥陀如来など）を安置する大雄宝殿《だいゆうほうでん》の入り口のところに、とても懐かしい風貌の像が座っている。これは日本の七福神の一人である布袋《ほてい》さんである。布袋は唐末の禅僧契此《かいし》(?―九一六)のことであるが、死後、弥勒の化身と信仰されたため、中国では弥勒如来を布袋さんの姿で表現する。端正な弥勒菩薩の半跏思惟像《はんかしいぞう》に慣れ親しんだ日本人のなかには違和感を感じる人も少なくないであろう。なお、布袋をモデルとした弥勒像は、日本では宇治の万福寺で見ることができる。

質問に答える方の文殊菩薩はとくに『般若経』において活躍する菩薩であり、「文殊の智慧」といわれるように、智慧をつかさどる。『維摩経』『華厳経』などにも登場し、菩薩のなかでも別格に高い地位をもち、たとえば『首楞厳三昧経《しゅりょうごんざんまいきょう》』では、過去世において龍種上仏《りゅうしゅじょうぶつ》という仏であったと説かれているほどである。

弥勒菩薩も文殊菩薩も大変有名であるが、さすがの未来仏(釈尊の後に出現する仏)の弥勒も、文殊菩薩の前では完全に位負けしている。『法華経』における弥勒菩薩はこの序品で文殊菩薩に質問することによって、釈尊がまさに『法華経』を説くであろうとの答えを引き出し、また再び従地涌出品において、釈尊に地涌《じゆ》の菩薩(第二部・第三章参照)について質問して、如来寿量品で明らかになる久遠の釈尊の思想(第二部・第二章参照)を引き出している。

仏教修行者の三類型

上に述べたように、東方世界において声聞乗、縁覚乗、菩薩乗の三種の教えが説かれていることが示された。序品の説明によれば、声聞乗とは声聞に対する四諦《したい》の教えであり、縁覚乗とは縁覚に対する十二因縁《いんねん》(縁起)の教えであり、菩薩乗とは菩薩に対する六波羅蜜の教えとされる。これらの用語は、『法華経』を理解するためのみではなく、仏教思想を理解するためにもとても重要なものなので、ここで説明しておきたい。

声聞《しょうもん》とはシュラーヴァカの訳で、声を聞く人の意である。本来は在家・出家の区別なく、仏の教えを聞く人をすべて声聞と呼んだらしいが、出家教団の権威が確立していくなかで、在家信者は奉仕する人という意味のウパーサカ(優婆塞《うばそく》)と呼ばれるようになったので、声聞は出家の弟子を限定的に指すようになった。『法華経』においてもすでに出家の弟子を限定的に指す。そして、彼ら声聞は、釈尊が実現した目標、つまり成仏することについては断念し、心のなかのすべての煩悩《ぼんのう》を断ち切って、二度とこの世に輪廻しない存在である阿羅漢《あらかん》になることを理想とした。阿羅漢は、アルハットの音写語で、尊敬すべき人の意である。応供《おうぐ》(応《まさ》に供《そな》うべし)と漢訳される。阿羅漢は仏の十号(仏の十種の別称)の一つとして仏を意味することもあるが、声聞の目標としての阿羅漢は、部派仏教の修行者の最高位を意味する。

縁覚《えんがく》はプラティエーカ・ブッダの訳で、独覚《どっかく》とも訳されるように、独自に悟った人の意である。辟支仏《びゃくしぶつ》はその音写語である。これは声聞のように共同生活するのではなく、森林などで孤独な修行をして独自に悟り、しかも人々に教えを説かない修行者を指す言葉として生まれたと推定される。『法華経』では、縁覚の「縁」と後に述べる十二因縁が結びつけられ、独自に悟ると言っても、十二因縁の教えを仏に教示される存在として描かれている。

菩薩はボーディ・サットヴァの音写語で、悟りを求める生きもの、悟りを本質とする生きものの意である。菩薩という用語は、ゴータマ・ブッダ時代にはまだ成立しておらず、後に生まれた用語とされているが、やがてゴータマ・ブッダの成仏する以前の姿を菩薩と呼ぶ用法が生まれ、さらに仏の前世や、過去仏の成仏以前を指すに至る。大乗仏教においては仏の悟りを求め、あらゆる衆生の救済という利他行《りたぎょう》に励む者はすべて菩薩と呼ばれるようになった。もちろん、菩薩の代表的存在は『法華経』にも登場する文殊菩薩、弥勒菩薩、観音《かんのん》菩薩、普賢《ふげん》菩薩などの大菩薩である。部派仏教では成仏することのできるものは釈尊のような特殊な存在に限られていたが、大乗仏教は成仏という宗教的理想を万人に解放した。つまり誰でも菩薩として生きることができると考えられた。

このように声聞・縁覚・菩薩は仏教の修行者を三つの類型に分類したものであり、この分類は部派仏教の論書や『般若経』『法華経』などに広く見られるが、上に述べたように、それぞれに説かれる教えを四諦・十二因縁・六波羅蜜と規定している点が特徴的である。鳩摩羅什訳では三つの類型を明確に説いているが、この箇所の梵本には縁覚が出ず、声聞に対して四諦・縁起が示される、となっている。しかし、『法華経』全体としては、三種の教えを区別する意図をはっきり持っているので、上記の区別には意味があるといってよい。そこで、次に四諦・十二因縁・六波羅蜜の内容を紹介したいが、その前に少し寄り道をして、輪廻《りんね》の問題、菩薩と仏の関係について取り上げよう。

輪廻からの解脱

声聞は二度とこの世に輪廻しない阿羅漢になることを目指すと述べたが、バラモン教、ヒンドゥー教の流れ、ジャイナ教、仏教などのインドの宗教は、いずれも輪廻を説き、そこからの解脱《げだつ》を求める点で共通性をもっている。

輪廻とは車輪が回転するという意味であるが、サンスクリット語のサンサーラ(「さまよう」という意味の動詞から派生した言葉)の中国語訳で、生死《しょうじ》と訳されることもある。生と死をあたかも車輪が回転するようにくりかえしていくという意味である。

この輪廻の思想はインドにおいては、紀元前七世紀頃に生まれたといわれる。したがって紀元前十三世紀頃にインド北西部に侵入してきたインド・アーリヤ人の宗教にはもともとこの輪廻の思想が含まれていなかったと見なされている。彼らは『リグ・ヴェーダ』をはじめとする聖典をもっていたが、それらの聖典には輪廻の思想が説かれていなかったからである。紀元前七世紀頃に成立したと推定される文献に輪廻の思想がはじめて現われ、いったん登場すると、またたくまにインドの宗教思想の中心の座を占めるようになった。おそらく、アーリヤ人が先住民との文化的融合を進めていく中で、先住民の宗教思想である輪廻の思想に逆に影響を受けたのではないか、あるいはアーリヤ人が先住民を支配し、バラモン階級を頂点とする固定した身分制度(四姓制度)を作ったわけであるが、その制度を合理化するための理論として輪廻の思想を生み出したのではないかなどと推定されるが、確かなことはよくわからない。

このようにインドにおける輪廻の思想の起源は正確にはわからないが、紀元前七世紀頃からアーリヤ人の宗教であるバラモン教の中に確固とした地位を占めるようになったことは確かである。インド以外の地域においても、紀元前六、七世紀頃のギリシャ地方に流行したオルフェウス教という個人の魂の救済を説く密儀宗教では輪廻思想が説かれ、それがピュタゴラスやプラトンに大きな影響を与えたことが知られている。

この輪廻の思想は、業《ごう》の思想と密接な関係をもっている。業はサンスクリット語のカルマンの中国語訳で、行為という意味である。個人の行為の善悪によって、次に生まれる場所、境遇が決定されるとする思想が業の思想である。つまり現在の行為という因と未来に受ける境遇という果との間に法則的関係があることを説くものである。

このような業と輪廻の思想は、インドにおける正統宗教であるバラモン教の中心思想となるが、釈尊が活躍した紀元前五、六世紀頃にはそれを真っ向から否定して、道徳否定の快楽主義を唱えた異端の思想家も登場した。他方、インドにおいては仏教やジャイナ教も正統バラモン教から見れば異端の宗教であるが、この業と輪廻の思想については、これを全面的に受け入れたのである。

六道を輪廻する生命

さて、仏教においては、衆生《しゅじょう》は個人の業＝行為によって輪廻するとされる。衆生とは、サンスクリット語のサットヴァの中国語訳(後に有情《うじょう》と訳された)で、生きとし生ける者、すべての生命体の意である。この衆生の輪廻する世界が地獄・餓鬼・畜生・阿修羅・人・天の六種に分類され、それが六道《ろくどう》といわれる。成立史的にいうと、阿修羅を除いた五道の方が六道よりも早く成立したと推定されるが、後に六道という用語がより一般的になる。六地蔵、六観音、六道銭、六道の辻などという言葉はいずれもこの六道に基づくものである。

六種の世界にはそれぞれ六種の生命体が住むが、地獄界に住む生命体には特別の名称がないので、地獄の衆生と呼ぶしかない。餓鬼界に住むものは餓鬼にほかならないが、これはサンスクリット語のプレータの中国語訳で、元来は死者の魂という意味であったが、仏教では飲食物に不自由し、いつも飢えている者を指すようになる。畜生界に住むものは鳥や獣や魚などのいわゆる畜生である。阿修羅界に住むものは、阿修羅であるが、これはサンスクリット語のアスラの音写語で、非天《ひてん》、無酒神《むしゅしん》と訳される。闘争を好む悪神とされる。人界に住むものはほかならぬ人間である。天界に住むものは天である。天はサンスクリット語のデーヴァの中国語訳であるが、多神教の国であるインドにおいては天といっても無数に存在するので、唯一の天を戴《いただ》く中国においてデーヴァが天と訳されたのでは、中国の保守的な思想家はきっと腹を立てたことであろう。ともあれ、天は神々のことである。このように見てくると、人間と畜生以外の生命体は神話的な存在だということに気づく。

では、場所としての六道はいったいどこにあるのか。そこに住む生命体が神話的な存在であるから、場所も神話的ということになるが、おおよそ次のように考えられた。地獄界は大地の最も深いところにあり、餓鬼界も地中深いところにある。畜生界は鳥、獣、魚の住む空中・陸上・水中にあり、阿修羅界は須弥山の下の海底にある。また人界は我々人間の住むこの世界で、天界は須弥山の中腹から上方の空中にある、と考えられた。

三界と涅槃

また、衆生の輪廻する範囲を六道として示す以外に、三界《さんがい》という捉え方もある。この用語も頻出するので、ここで説明しておこう。三界は欲界《よくかい》・色界《しき》・無色界《むしき》のことである。欲界は欲望に支配された衆生の世界であり、地獄の衆生から天の中の低位のものが住む。色界は欲望の支配を越えたが、物質的な条件の制約を受ける世界で、天の中位のものが住む。彼らは男女の区別がなく、光明を食物とし、言語とするといわれる。無色界は欲望の支配と物質的な条件の制約を越え、精神的な条件の制約だけを受ける世界で、天の高位のものが住む。

欲界は理解できるとしても、その他の二つの世界には理解しにくいものがある。というのは、これらは、主体者の住む世界はその主体者の宗教的な境涯と相即する、という仏教の世界観の基本を反映して構想された世界であるからである。つまり、四禅《しぜん》に対応する色界や四無色定《しむしきじょう》に対応する無色界というように、禅定《ぜんじょう》(精神的統一)に対応する世界が客観的世界に措定《そてい》されたものと考えられるからである。これらの八種の禅定の詳しい説明は割愛するが、禅定の深まりをランク付けたものである。つまり、これらの禅定を修得した者が死後生まれる世界を色界、無色界としたのである。この三界は衆生が輪廻する六道の世界と範囲が一致する。すでに言及したように、地獄界・餓鬼界・畜生界・阿修羅界・人界・低位の天界は欲界に対応し、中位の天界は色界に対応し、高位の天界は無色界に対応するからである。

三界は衆生が輪廻する世界であり、この輪廻を越えた境地が涅槃といわれる。涅槃はニルヴァーナの音写語であり、煩悩の火を吹き消した状態と説明されるが、何ものにも影響されない、絶対的な静寂の境地を指す。いま説明したように、第一義的には主体者の宗教的境地を指すが、これと対応する世界が客観の世界に涅槃の世界として措定される。

阿羅漢は三界の輪廻を越えて、涅槃の世界に入る存在なので、部派仏教においては、成仏できない存在と規定された。なぜならば、成仏するためには、ジャータカ（本生譚《ほんじょうたん》。釈尊の前世の物語）に描かれる釈尊のように、無限ともいうべき長い期間、衆生救済の利他行《りたぎょう》を実践しなければならないからである。涅槃の世界に入るということは、そのような利他行をもはや実践できないことを意味する。さらに、部派仏教のみではなく、いま説明した世界観の枠組を基本的に受け継いだ大乗経典においても、阿羅漢は成仏できないとされた。ところが、『法華経』においては、方便品に説かれるように、舎利弗《しゃりほつ》、迦葉《かしょう》などの阿羅漢が、釈尊から未来成仏の予言を与えられる。この阿羅漢成仏は『法華経』の独自の説とされる。

菩薩と仏はどちらが偉いか

一般的には、菩薩が衆生を救済する利他行を完成して仏と成る。したがって、仏は菩薩よりも位が高い。しかし、ここに一つ問題がある。仏の住む世界は浄土とされ、この娑婆世界のような穢土《えど》には住むことができないとされる。これは大乗仏教がインドで成立した時代の仏教の理論的な枠組であった。

たとえば、阿弥陀如来は極楽浄土に住んでいるので、直接に娑婆世界に出現して衆生を救済することはできない。そこで、衆生の側が極楽浄土に往生するという信仰実践が説かれることになる。東方の浄瑠璃《じようるり》世界に住む薬師如来も同様である。『法華経』においても、多宝如来が入っている多宝塔の扉を開けるために、釈尊の分身仏《ふんじんぶつ》(釈尊が神通力によって作り出した多くの仏)を十方(東西南北の四方と、四方のそれぞれの間の四維《しい》と、上下の二方向を合わせて十方という)世界から集合させるが、分身仏も浄土にしか住まないので、釈尊は三回にわたって娑婆世界を浄化する(一七二頁参照)。また、『法華経』如来寿量品《にょらいじゅりょうほん》では、八十歳で涅槃に入る釈尊は、衆生を救済するための方便として、涅槃に入る姿を示すだけであり、実は永遠の生命をもつとされる。つまり、永遠の釈尊は常に霊鷲山《りょうじゅせん》にあって説法し続けるとされる。この『法華経』の思想に基づいて、釈尊という仏の住む浄土である霊鷲山(霊山)への往生を目指す霊山浄土の信仰も生まれたのである。

以上の例は、いずれも仏は浄土に住むという枠組に従ったものである。すると、釈尊は娑婆世界に存在したではないかという疑問が出るだろう。しかし、釈尊は赤ん坊として誕生し、修行して成仏したので、問題がないのである。ここで問題としたのは、仏が仏の身のままで娑婆世界に出現することはできないということである。

そこで、文殊菩薩、観音菩薩、普賢菩薩などの絶大な救済力を備えた菩薩が、仏ではなく、あくまで菩薩として娑婆世界に出現して衆生を救済するという大乗仏教の物語が作られていった。このように考えると、菩薩が仏よりも位が低いと単純に考えることはできなくなる。むしろ娑婆世界の衆生にとって身近な存在として菩薩の存在が重視されることになる。観音菩薩が過去において正法妙如来《しょうぼうみょう》という仏であったとする経（『観音三昧経』『千手千眼大悲経』）の存在や、文殊菩薩が龍種上仏という過去仏であったと説かれることは、観音や文殊の本地《ほんじ》が仏という高い位であることと、それにもかかわらず沙婆世界の衆生を救済するために菩薩として現われる必要があったということの二面性をよく物語っている。

声聞乗と四諦

ここで話をもとに戻し、声聞《しょうもん》、縁覚《えんがく》、菩薩にそれぞれ適当な教えとされる四諦《したい》、十二因縁《じゅうにいんねん》、六波羅蜜《ろくはらみつ》について順に説明しよう。

声聞に対する教えを声聞乗といい、具体的には四諦の教え、即ち苦諦《くたい》・集《じっ》諦・滅《めっ》諦・道《どう》諦の四つの真理を指し、阿羅漢になることを理想とする。乗はヤーナの訳で乗り物を意味し、教えをたとえたもの。乗り物が人を現在地から目的地に運んでくれるように、仏の教えは人を迷いの此岸《しがん》から悟りの彼岸《ひがん》に運んでくれると考えるからである。

四諦の教えは、釈尊が最初に教えを説いたとき（初転法輪《しょてんぼうりん》）に説かれた思想であり、諦はサティヤの訳で、真実、真理の意である。

第一の苦諦は、すべては苦であるという真理である。仏教の世界認識の基本は苦であり、四苦八苦というように、人生は苦に塗り込められていると考える。「四苦八苦する」などといって、大変苦労、難儀するという意で今でも使われる言葉であるが、その具体的な内容を知る人は少ないであろう。四苦とは生・老・病・死の四つの苦である。とくに生苦は生きる苦しみではなく、新生児が母の狭くて暗い産道を通って生まれてくる苦しみである。文字通り「生まれ出ずる苦しみ」をいう。

八苦はこの四苦に、怨憎会苦《おんぞうえく》(恨み憎む者と出会わなければならない苦)、愛別離《あいべつり》苦(愛する者と離別しなければならない苦)、求不得《ぐふとく》苦(求めても得られない苦)、五取蘊《ごしゅうん》苦(五陰盛《ごおんじょう》苦ともいう)の四苦を加えたものをいう。五取蘊苦とは、五蘊《ごおん》(五陰)、すなわち色(いろ・形あるもの。視覚の対象。身体)・受(感受作用)・想(表象作用)・行(他の受・想・識蘊以外の精神作用であり、好悪などの意志作用を中心とする)・識(認識・判断作用)の五つの要素によって構成される、我々の輪廻的生存そのものが苦であるというもので、他の七つの苦の根底にある苦と考えられる。というのは、輪廻があるからこそ、その他の苦しみが生ずるからである。

第二の集諦は、苦の原因に関する真理である。集の原語(サムウダヤ)は集合して生起させるの意で、仏教では原因が集合して結果が生じると考えるところから、原因に関する真理を意味する。内容的には、苦の原因は煩悩であるとする。

第三の滅諦は、苦の滅に関する真理の意であり、内容的には苦の原因である煩悩を滅すれば、絶対的な静寂の境地である涅槃が得られることを示す。

最後に、道諦は、苦を滅する方法に関する真理の意である。その方法に八つあって八正道《はっしょうどう》といわれる。八正道とは、正見《しょうけん》(正しい見解)・正思《しょうし》(正しい思惟)・正語《しょうご》(正しい言葉)・正業《しょうごう》(正しい行為)・正命《しょうみょう》(正しい生活)・正精進《しょうしょうじん》(正しい努力)・正念《しょうねん》(正しい思念)・正定《しょうじょう》(正しい精神統一)で、正しい宗教生活を意味する。

この八正道がなぜ正しいといわれるのか、その根拠は同じく初転法輪において説かれた不苦不楽の中道の思想と考えられる。釈尊の時代に流行していた宗教思想として、また、釈尊が悟りを得るまでに自ら体験した生き方として、苦行主義と快楽主義という二つの極端な立場があった。釈尊はこれら二つの極端を離れた中道を自己のよって立つ基盤としたのである。

この四諦はインド医学の影響を受けた理論構成になっているという指摘がある。なぜなら、病気の現状の認識・病気の原因の解明・病気を治療する方法・病気の治癒と健康の回復という道筋と共通性があるからである。原始仏教の基本的な思想である四諦はこのように誰にでも納得できる性質のきわめて単純明快な真理であるといえよう。

釈尊の時代には、形而上学的な議論が盛んであり、解決のつかない不毛な議論が重ねられていた。これに対して、釈尊はある経で、「世界が時間的に有限か無限か、空間的に有限か無限か、身体と精神は同一のものか別異のものか、如来は死後存続するか滅するか」などという質問を浴びせかける者に、有名な毒矢のたとえで答えた。つまり、これらの問いに答えなければ、釈尊の弟子にはならないという者に対して、そのような態度はあたかも毒矢に射られた者が、犯人の特徴や凶器の材質など事細かな情報を得られないうちは毒矢を抜き取ってはいけないといって治療を拒絶するような愚かな態度であると諭《さと》したのである。これを是《ぜ》とも非《ひ》とも答えないという意味で、無記《むき》という。釈尊は、このように形而上学的な問いに対して沈黙するとともに、これと対照的に決然と説いた教えがほかならぬ四諦の教えであった。

原始仏教の基本的な教えは、四諦の教えにきわまるといっても過言ではなく、苦しみの原因を自己の煩悩に見出し、その煩悩を抑えるために、衣食住にわたって質素倹約な生活を勧めることにあると思う。少欲知足《しょうよくちそく》、つまり欲望をできるだけ少なくして、少ないもので満足することを知ることが、比丘の理想的な生き方とされたのである。

縁覚乗と十二因縁

縁覚に対する教えを縁覚乗といい、具体的には十二因縁(縁起)の教えとされる。この教えを修得して縁覚になることを理想とする。縁覚の場合は声聞と阿羅漢のように、因位《いんい》(修行の段階)と果位《かい》(修行によって得られる果報)とを区別する名称がないので因位にも果位にも同じ「縁覚」という用語を使う。なお、縁覚と辟支仏《びゃくしぶつ》は意訳と音訳の違いでもともと同義語であるが、因位を縁覚、果位を辟支仏と呼ぶこともある。

因縁はプラティートゥヤ・サムウトパーダの訳で、縁起とも訳される。「縁《よ》りて起こる」の意で、ものごとが原因・条件によって生起することをいう。十二因縁は、釈尊が菩提樹の下で坐禅瞑想をしていたときに観察(観想)したとされるもので、大変重要な実践的教理である。これは、私たちがなぜ迷っているかを分析的に説明したもので、迷いの原因がわかれば、そのまま悟りの実現に直結するものと考えられた。私たちの迷いの現実態は、老死《ろうし》、すなわち老い死んでいくことである。では、この老死の成立する根拠、老死を成立させている条件は、いったい何であろうか。それは生《しょう》、生まれることである。以下、同じ論理で、次々と条件づけ(因縁)の項目がさかのぼって取りあげられ、全部で十二項目の条件づけの連鎖ができる。順に名と簡潔な意味とをあげると、有《う》(輪廻的生存)・取《しゅ》(執著)・愛《あい》(喉の渇きにたとえられる抜きがたい執著)・受《じゅ》(感受作用)・触《そく》(感官と対象の接触)・六処《ろくしょ》(眼・耳・鼻・舌・身・意の六つの感官)・名色《みょうしき》(名は精神、色は身体を指す)・識《しき》(認識作用)・行《ぎょう》(潜勢的形成力)・無明《むみょう》(根源的無知)である。

この十二因縁は、人間の苦しみの根本原因を心の深層に巣くう抜きがたい執著=愛に求める理論と、根源的な無知＝無明に求める理論とを後に組み合わせて成立したものらしく、全体を統一的に捉えることはなかなか難しいので、ここでは一応の説明を試みた。部派仏教の代表格である説一切有部《せついっさいうぶ》では三世《さんぜ》両重の因果という解釈を提供しているが、これは無明・行が過去の因、識・名色・六処・触・受が現在の果、愛・取・有が現在の因、生・老死が未来の果というように、過去世と現在世、現在世と未来世の二重の因果に分類して解釈するものである。ただし、本来の十二因縁は、このような三世の輪廻を説明するものであるよりも、現在の私たちの煩悩、業、苦の連鎖を指摘したもので、私たちは煩悩によって、誤った行為をなし、それによって苦の果報を得ている事実を指摘したものだと思う。最初期の原始経典『スッタニパータ』における「縁起」の意味は、行為とその果報の関係を意味する。言い換えれば、人間の行為の善悪と人生の幸不幸との間の因果の法則を意味する。十二縁起の縁起も同じ意味である。縁起は依存関係を意味し、業感《ごうかん》縁起、アーラヤ識縁起、中国では華厳宗の法界《ほっかい》縁起など、仏教にとって重要な思想として発展していく。

この十二縁起も、苦しみの原因の探究とその原因の断滅を求めるという発想においては、四諦説と共通性をもっている。

菩薩に対する教えを菩薩乗といい、六波羅蜜の教えを指す。波羅蜜はパーラミターの音写で、完成の意である。古くは度《ど》(渡るの意)と訳され、後に到彼岸《とうひがん》(彼岸に到る)と訳された。この六波羅蜜の修行によって仏になることを理想とする。大乗経典のなかでも最も早い時期に成立した『般若経』において、この菩薩の実践修行の内容として説かれているものが六波羅蜜にほかならない。布施《ふせ》(財物を与えること・教えを説くこと・精神的恐怖を取り除くこと)・持戒《じかい》(清浄な宗教的生活を送ること)・忍辱《にんにく》(忍耐すること)・精進《しょうじん》(努力すること)・禅定《ぜんじょう》(精神的統一)・智慧《ちえ》(すべての存在は空であること、つまり固定的実体のないことを認識すること)の六種の宗教的行為を完成することである。

第六の智慧の完成の原語をプラジュニャー・パーラミターといい、般若波羅蜜と音写する。『般若経』のフルネームは般若波羅蜜経であり、経典の名称として般若波羅蜜を採用している。この般若波羅蜜に裏づけられてはじめて、他の五つの行為も完成するとされる。たとえば、空《くう》の認識を可能にする般若波羅蜜によって布施は単なる布施ではなく、布施の完成が実現するとされる。具体的に布施を例に取りあげると、AさんがBさんにCを布施する場合、このABCのいずれも空であると認識し、執著《しゅうじゃく》を捨てて清浄でなければならない。もしも「私があの人にこのことをしてあげた」という観念に執らわれるならば、それは純粋な慈悲心から出た行為ではなく、汚れたものとなってしまう。ABCの三者それぞれが執著を離れて清浄であることを三輪清浄《さんりんしょうじょう》といい、そのようであってはじめて布施の完成たりえるといわれる。

宗教には、このような極端な理想を示す教えが多い。とてものこと、凡人には実践が不可能と思われてしまうだろう。しかし、仏教においても、煩悩に汚された善、たとえば、功名心に発するものであっても貧しい者に布施することは、しないよりはよほどましな行為と認められているのである。

3　一仏乗の思想の宣言とその展開

釈尊がこの世に出現した目的を告げる

序品において釈尊は無量義処三昧《むりょうぎしょざんまい》に入ったが、続く方便品《ほうべんぼん》第二では、その三昧から出た釈尊が舎利弗《しゃりほつ》を相手に語り出す。そして、諸仏の智慧の偉大さをたたえ、「唯だ仏と仏とのみ乃《すなわ》ち能《よ》く諸法の実相を究尽《くじん》す」(ただ仏と仏とだけがはじめて〔仏の完成した〕多くの法の真実の様相を認識することができる)と述べ、その実相を認識する範疇として十種の「是《かく》の如く」ではじまる十如是《じゅうにょぜ》と呼ばれる教え(一四五頁参照)を説く。その後、舎利弗は釈尊に三回にわたって説法を請い、釈尊もそれに応えて説こうとしたところ、五千人の増上慢《ぞうじょうまん》のものが『法華経』の集会から退席してしまう。釈尊は彼らの退席を制止することなく、かえって残った者は純粋なものばかりであるといって、いよいよ釈尊がこの世に出現した理由・目的を明らかにする。

それは唯一の重大な事がら(仕事)のため(一大事因縁《いちだいじいんねん》)であり、その仕事とは衆生に仏知見(仏の智慧)を開き、示し、悟らせ、入らせることである。換言すれば、一切衆生、すなわち、すべての生きとし生けるものを成仏させることである。ここにはじめて仏がこの世に出現した目的がはっきりと示されたことになる。これが一仏乗《いちぶつじょう》(たんに一乗《いちじょう》ともいう)の思想である。つまり、すべての衆生が平等に成仏することができるという、『法華経』のもっとも重要な宗教的メッセージである。

もしすべての衆生が平等に成仏できるならば、『法華経』以前に、阿羅漢や縁覚を到達目標とする声聞乗・縁覚乗は結局何のために説かれなければならなかったのかという新しい問題が生じる。この問題に対して、釈尊は声聞乗・縁覚乗は声聞・縁覚の宗教的能力を成長させるための方便であったと告げる。つまり、声聞乗・縁覚乗・菩薩乗の三種類の教えがあるとする説き方はあくまで方便であり、真実には一仏乗しか存在しないというのである。これを中国では開三顕一《かいさんけんいち》といい、私は平易に表現して三乗方便・一乗真実と呼んでいる。

声聞への未来成仏の予言

さらに、釈尊は五濁悪世《ごじょくあくせ》に出現した仏は、悪世の衆生の宗教的資質が劣るので、一仏乗をそのまま説くことをせず、方便力によって衆生のレヴェルに合わせて三乗を説くと明かす。五濁とは、劫濁《こうじよく》(戦争・疫病・飢饉などが多いという時代の濁り)・煩悩濁(煩悩が多いという濁り)・衆生濁(衆生の身心が弱り、苦しみが多いという濁り)・見濁(誤った思想がはびこるという濁り)・命濁(衆生の寿命が短くなるという濁り)の五種で、悪世の特徴である。したがって、三乗があると説くことは方便であり、真実には一仏乗だけが存することになる。

方便品の末尾には、釈尊が菩薩だけを教化すること(『法華経』においては、だれもが菩薩として成仏できる存在と見なされる)、すなわち真実には一仏乗しか存しないことを認識しないものは、阿羅漢でも縁覚でもないという批判が説かれている。また、阿羅漢の自覚のあるものが仏の最高の正しい悟りをさらに追求しなければ、それは真の阿羅漢ではなく、まだ阿羅漢の悟りを得ていないのに得たとおごり高ぶっている増上慢にすぎないと批判されている。なぜならば、阿羅漢であれば、必ず一仏乗を説く『法華経』を信じるはずだからである。ただし、釈尊から直接、この法を聞く場合に限られる。というのは、釈尊が涅槃に入った後、すなわち、無仏《むぶつ》の世では、『法華経』を受持《じゆじ》(本来は記憶するの意であるが、漢語・日本語としては、強い信心によって保持しつづけるという意味が添えられる)、読誦《どくじゆ》し、それを理解するものはいないからであるとされる。では、無仏の世の阿羅漢はどのようにして救済されるのであろうか。他の仏に出会い、その仏の法(どの仏の法も共通であると考えられる)について理解することによってである。この場合も、結局は仏から直接聞かなければ、阿羅漢は信じることができないことを示唆しているのである。それほど、『法華経』が阿羅漢にとっては信じ難い教えであることと、仏には偉大な方便力があるから、仏が直接、阿羅漢に対して説けば阿羅漢も信じることができるということの二面を指摘したものと考えられる。

また、このことは、『法華経』が成立した歴史的情況＝無仏の世においては、伝統的保守的な部派教団における阿羅漢の聖者は仏から直接『法華経』を聞くことができないから、『法華経』を信じることができないことを含意しており、『法華経』の側があらかじめ部派教団との積極的関わりを回避したことを意味すると想像される。

方便品の一仏乗の思想は、舎利弗をはじめとする声聞への授記《じゅき》として具体化される。授記とはその者が未来に成仏することを予言することである。授学無学人記品《じゅがくむがくにんきほん》第九まで、この声聞授記のテーマが続く。したがって、一般的には『法華経』の中心思想として、声聞授記が取りあげられることが多い。しかし、私はこの点に少しく疑問を感じている。

常不軽菩薩《じょうふきょう》の実践に見られる『法華経』の中核的な主張と周囲の反対を「はしがき」で紹介したが、このような対立を視野に入れると、部派教団の声聞たちの一部が『法華経』の信仰者に対して誹謗中傷しているとする、勧持品《かんじほん》第十三の偈頌《げじゅ》の記述はにわかに現実味を帯びてくる。勧持品のその部分には、悪世の比丘たちが「これらの比丘たち(『法華経』の信仰者)は利益を貪るために、外道《げどう》の論議を説いて、自らこの経典(『法華経』)を作り、世間の人を惑わしている」と非難することを紹介している。

常不軽菩薩の説話、勧持品の偈頌を見ると、『法華経』の主張(一仏乗の思想)に反対する部派教団の宗教的権威と、その権威を支持する多数の在家信者の存在がクローズアップされる。『法華経』の中に、部派教団との厳しい対立、緊張関係を見いだすことはそれほど難しいことではない。たとえばサンガ(仏教教団)に対する供養の否定という思想も見られるほどである。分別功徳品《ふんべつくどくほん》第十七には、「善男子、善女人よ。私のためにもはや塔寺を起てたり僧坊を作ったり、四事《しじ》(衣服・寝具・飲食物・医薬)をサンガに供養する必要はない。なぜならば、この善男子、善女人が経典(『法華経』を指す)を受持・読誦するなら、すでに塔を起て僧坊を造立しサンガを供養したことになるからである」と述べている。『法華経』の信仰者はすでにサンガへの供養をしたことになり、改めて物質的な供養を必要としないという、見方によってはきわめてラディカルな思想を説いている。

部派教団からの批判の乗り越え

『法華経』の最大の主張である一切衆生の成仏が権威ある部派教団から徹底的に糾弾されたとしたらどうであろうか。宗教間の理論闘争が水かけ論に終わることが多いことを考えれば、

『法華経』の信仰者も部派教団の声聞たちだけの反発ならば、それを無視することも可能であったろうと思われる。ところが、部派教団の出家者そのものは相対的に少数であったとしても、彼らの宗教的権威を受け入れる在家信者は多数存在するのであるから、大勢の人々の救済を標榜する大乗の立場からは、部派教団からの批判を黙認放置することはできない。在家信者を布教の対象とするために、部派教団からの批判を何らかの形で乗り越えなければならなかったと推定される。

私は、この乗り越えのために、声聞授記が説かれたと推定したい。乗り越えは二重の仕方でなされた。前に述べたように、方便品には、真実の阿羅漢であれば、必ず『法華経』を信じることが記されている。ただし、このことは釈尊から直接に『法華経』を聞く場合に限られる。以上のことを、歴史的に解釈するとどうなるか。『法華経』の成立した時点は無仏の世であるから、『法華経』の信仰者を批判した部派教団の阿羅漢は、仏から直接『法華経』を聞くことができないと見なされることになる。つまり、彼らは、この世では『法華経』に縁無き衆生ということになるわけである。このことは、現実の権威ある集団である部派仏教の存在を排除、ないし敬遠する態度と捉えることができる。しかし、このような部派教団に対する無視が正当性、妥当性、説得力を認められるためには、かえって真実の阿羅漢の『法華経』信仰を徹底的に描かなければならなかったはずである。つまり、歴史上の錚々《そうそう》たる大阿羅漢である舎利弗《しゃりほつ》、目犍連《もっけんれん》、迦葉《かしょう》などが、釈尊から直接『法華経』を聞いて、授記されるすがたを強調する必要があった。要するに、歴史上の阿羅漢を徹底的にもち上げながら、現実の部派仏教の阿羅漢を完全に無視するという二重の対応によって、部派教団を支える在家信者を『法華経』の信仰へと導くという課題に応えようとしたことを見て取ることができると思う。

私は、『法華経』の実存的な関心事は、法師品《ほっしほん》第十以降に見られる釈尊滅後の『法華経』信仰者の成仏の問題(これには布教の対象として、大勢の他の人々の成仏の問題も含む)であり、その観点から見るならば、『法華経』前半の声聞授記は『法華経』の主張と相容れない部派教団との対立の乗り越えという課題から生まれた二次的な主張ではないかと考えた。もちろん、『法華経』の最大の主張は、一切衆生の平等な成仏であるから、それに声聞が含まれるのは当然であるが、『法華経』におけるあれほど多量の声聞授記の記述は、部派教団からの批判の乗り越えという問題意識を下敷きに見なければならないと考え、あえて想像をたくましくして問題提起をした。

譬喩説の展開

釈尊は、一仏乗の思想を、宗教的能力が上中下の三段階に分けられる声聞に対応して、それぞれ法、譬喩《ひゆ》、宿世因縁《しゅくせいんねん》を説くという仕方で三回にわたって説法する。つまり、上根《じょうこん》(根《こん》は仏教を受容する能力の意)の声聞である舎利弗に対しては方便品第二において法説を説き、中《ちゅう》根の声聞である須菩提《しゅぼだい》・迦旃延《かせんねん》・迦葉・目犍連の四大声聞に対しては譬喩品《ひゆほん》第三において譬喩説(三車火宅《さんしゃかたく》の譬喩)を説き、その他の下《げ》根の声聞たちに対しては化城喩品《けじょうゆほん》第七において宿世因縁説(大通智勝仏《だいつうちしょうぶつ》の物語)を説く。

物語の展開に即して内容を紹介していくと、舎利弗は方便品に説かれた法説を理解(注釈術語では領解《りょうげ》という)し、譬喩品第三において自らの成仏を確信し、釈尊によって授記される。具体的には、何という名の仏になるか、成仏するときの国の名、国土の様子、時代の名、仏の寿命の長さ、正法・像法の期間などについての釈尊の予言が箇条書き風に記される。舎利弗以降の声聞授記の内容はより簡略化されて示されている。

ここで注意したいのは、仏が授記するから弟子が成仏できるのではないということである。つまり、仏の権威によって何か恩恵のような形で弟子に授記するのではない。この点は、キリスト教のような一神教の救済が常に神の恩寵に基づくといわれる点と相違する仏教の特徴である。成仏は、万人に開かれた道理であり、本人の修行によるのである。ここで、舎利弗が自ら成仏の確信を披瀝し、その後、釈尊が舎利弗に授記することは、このことをよく物語っているといえよう。ただし、仏教にも例外があり、阿弥陀如来の絶対他力を説く親鸞の思想は、キリスト教の恩寵の思想にかなり接近したものとなっている。

さて、舎利弗が授記される様子を見た諸天は、「仏(釈尊)は昔、ヴァーラーナシーではじめて法輪を転じたが、今ふたたび無上最大の法輪を転じた」とたたえた。

法説を理解できたただ一人の声聞である舎利弗は、自分以外の者のためにわかりやすく三乗方便・一乗真実の思想を説いて下さいと釈尊にお願いする。釈尊はそれに応えて三車火宅の譬喩(七喩《しちゆ》の第一)を説くのである。

『法華経』には多くの譬喩が説かれているが、それを七つの譬喩(法華七喩)に整理したのは、実はインド撰述で現存する唯一の『法華経』の注釈書であるヴァスバンドゥ(天親《てんじん》、世親《せしん》と漢訳される。四世紀)の『法華論』である。残念ながら梵本は現存せず、菩提留支《ぼだいるし》訳『妙法蓮華経憂波提舎《うばだいしゃ》』と勒那摩提《ろくなまだい》訳『妙法蓮華経論優波提舎』の漢訳二本がある。略して『法華論』と呼ぶ。『法華論』によれば、七種の人がそれぞれ増上慢心をもっているので、その七種の増上慢心を打ち破るために七種の譬喩が説かれるとする。七つの譬喩の具体的な内容については、本書の第二部・第四章を参照されたい。

四大声聞の歓喜

信解品《しんげほん》第四において、譬喩説を理解した四大声聞は舎利弗が授記される姿を見て大いに歓喜し、これまで大乗を真剣に求めなかった自分たちの態度を厳しく自己反省する。ここには期せずして小乗と大乗の区別が示されている。まず、大乗の内容は「菩薩の法」と規定され、神通《じんずう》に遊戯《ゆげ》すること、仏国土を浄化すること、衆生を救済することを指す。菩薩の自由自在な活動を神通に遊戯することと表現したのであろう。この自在な活動によって、仏の国土を浄化し、衆生の救済に励むことが大乗の修行なのである。

これに対して、小乗の修行は空《くう》・無相《むそう》・無作《むさ》を観察することと四大声聞は説明する。この中で、最も基本的なものは空の観察である。空とは固定的実体のないことを意味し、実践的には、現に執著している対象に固定的実体がないとして、執著を捨てることである。空それ自体は『般若経』に説かれるように、大乗仏教の基本的な世界認識でもあるが、空の認識が、すべての活動、行為の意味を無意味化するならば、その空は、大乗の修行の内容である仏の国土を浄化し、衆生を救済することをも無意味なものと見なすことになってしまう。すべての行為の無意味化とはニヒリズムそのものであるが、このような悪しき空は大乗仏教では悪取空《あくしゅくう》、虚無空《こむくう》見《げん》と呼ばれて否定されている。

ところが、『法華経』において声聞も成仏できることが宣言され、具体的に舎利弗が授記されるのを見て、四大声聞は「無上の宝聚《ほうじゅ》、求めずして自《おのず》から得たり」(偈頌《げじゅ》の文)と歓喜の声をあげる。そして、自分たちも成仏できるという歓びを、家出息子の物語ともいうべき長者窮子《ちょうじゃぐうじ》の譬喩(七喩の第二)に仮託して示すのである。

四大声聞が長者窮子の譬喩を説いて、仏の偉大な慈悲に基づく救済の働きを明らかにすると、次の薬草喩品《やくそうゆほん》第五で、釈尊はそれを承認する。注釈術語では述成《じゅつじょう》という。そのうえで、仏には無限の功徳があることを強調し、とくに、仏の説法には虚偽がなく、すべての衆生を一切智地（一切智＝仏の智慧の基盤）に到達させ、すべての智慧を示すこと、換言すれば、成仏させることができると述べて、さらに、三草二木の譬喩（七喩の第三）を説く。

次に授記品《じゅきほん》第六においては、舎利弗の場合と同じように、一仏乗の思想を正しく理解した四大声聞に対して、釈尊が授記する。

宿世因縁説の展開

しかし、ここまでの範囲で一仏乗の思想を理解できたのは舎利弗と四大声聞を合わせてたった五人なので、釈尊は、その他大勢の声聞のために化城喩品《けじょうゆほん》第七において、はるか過去の大通《だいつう》智勝《ちしょう》（マハー・アビジュニャーナ・アビブ）仏《ぶつ》の物語を説く。これを宿世因縁説《しゅくせいいんねんせつ》といい、過去世における釈尊と声聞の宗教的結びつきを説く。この過去の物語によって、声聞たちはこの世ではじめて釈尊の弟子となったのではなく、三千塵点劫《さんぜんじんでんごう》というはるか遠い昔から深い師弟の関係のあったことに目覚め、一仏乗を理解することができたのである。

三千塵点劫の昔に大通智勝仏がいた。塵点劫とは、次のような譬喩に基づく。三千大千世界《さんぜんだいせんせかい》、つまり十の九乗個の世界のすべての大地をすりつぶして微粒子とする。当然、膨大な数の微粒子ができるが、その微粒子の一粒を東の方向に千の世界を経過した地点に落とし、さらに千の世界を経過して、また一粒を落とす。このようにして最初にあった膨大な数の微粒子が全部なくなるまで、東方に進んでいく。そこで、微粒子を落とした地点と落とさないで通過した地点とを含むあらゆる世界の大地を再びすりつぶして微粒子とする。当然、最初の数に比べられないほど多くの微粒子ができるが、この中の一つの微粒子を一劫《こう》(インドの最も長い時間の単位)に換算することにする。大通智勝仏が涅槃に入ってから今まで経過した時間は、今示した時間より無量無辺《むりょうむへん》百千万億阿僧祇《あそうぎ》(阿僧祇は無数《むしゅ》、無央数《むおうしゅ》と漢訳される巨大な数)劫も長いと説明されるのである。このような説明は現代人には冗長に思われるかもしれないが、ストレートに巨大な数字を示すよりも、人間の想像力をある限界まで刺激し、さらにその限界点を突破して、さらに上の限界まで再び想像力をかき立てるという方法の方が強い印象を与えるのではないだろうか。

如来寿量品《にょらいじゅりょうほん》第十六にも、釈尊が成仏した遠い過去を五百(億)塵点劫の譬喩によって示すが、五百(億)塵点劫の場合は、計算の基礎となる最初の世界の数が単なる三千大千世界ではなく、五百千万億那由他《なゆた》阿僧祇(那由他は千万、または千億の単位)の三千大千世界であり、三千塵点劫よりも途方もなく長い時間を表わしている。

さて、大通智勝仏はもと国王であったが、出家して、長い修行の後に成仏した。この仏には出家以前に儲けた十六人の王子がいたが、彼らも出家して沙弥《しゃみ》(比丘になるためには満二十歳となって具足戒《ぐそくかい》を受けなければならないが、比丘となる前の年少の出家者を沙弥という)となり、大通智勝仏に説法を願った。仏は十六沙弥の説法の願いを受けて、八千劫の間『法華経』を説いた。その後、大通智勝仏は八万四千劫の間、瞑想に入った。その間、十六沙弥は大通智勝仏の代わりに『法華経』を説法した。その後、十六人の沙弥が八方(東西南北の四方とその間の四維《しい》)で二人ずつ成仏したのである。そのなかには阿弥陀如来もいるが、第十六番目の沙弥が娑婆世界で成仏して釈尊となったとされる。そして、釈尊が沙弥だったときに教化した衆生が、現在『法華経』を聞いている声聞であり、また未来世に生まれる声聞たちであることが明かされる。

上に明かされる釈尊と声聞たちとの関係によれば、『法華経』の会座に集った声聞たちは、この世ではじめて釈尊の弟子になったのではなく、三千塵点劫の昔に釈尊による『法華経』の説法を聞いた者たちということになる。釈尊と声聞たちとの深い縁がここで明らかにされた。これが宿世因縁説の内実である。三乗方便・一乗真実を理論や譬喩によって理解できなかった下根《げこん》の声聞たちも、釈尊が遠い昔から一貫して自分たち声聞を成仏させるために教化し続けてきたことを知って、はじめて三乗方便・一乗真実を理解できたのである。

さらに釈尊は、自らの死(涅槃)の直前に『法華経』を説くことを示す。また、真実の涅槃は一仏乗によるのであるが、仏の方便によって小乗の涅槃を説くのであると明かし、これを化城《けじょう》宝処《ほうしょ》の譬喩(七喩の第四)に仮託して示す。

次に宿世因縁説を理解した下根の声聞たちに対して、釈尊が授記する。五百弟子受記品《ごひゃくでしじゅきほん》と授学無学人記品《じゅがくむがくにんきほん》とに分けられるが、この五百弟子受記品では、声聞の富楼那《ふるな》と千二百人の阿羅漢が授記される。とくにその中の五百人の阿羅漢は普明《ふみょう》という同一の名をもつ仏になるので、それにちなんで五百弟子受記品と名づけられている。

なお、富楼那に対する授記においては、富楼那はその本地が菩薩でありながら、方便によって声聞の姿を現じていることを釈尊は明かしている。このことを偈頌《げじゅ》の中では、「内に菩薩の行を秘《ひ》し、外に是れ声聞を現ず」といって菩薩が方便力によってあえて声聞・縁覚の姿を現ずることがあると述べている。これは、声聞に対する授記を完了するにあたって、外見が声聞であっても、その中には本地が菩薩であって、声聞を救済するための方便力によって、あえて声聞になっている存在のあることに注意を払うよう仕向けていると考えられる。つまり、声聞だからといって、大乗の立場から単純に侮ってはならないという戒めと理解してよい。

授学無学人記品第九においては、釈尊が阿難《あなん》、羅睺羅《らごら》、有学《うがく》・無学《むがく》の二千人の声聞たちに授記する。仏教では、阿羅漢のことを、もう学ぶべきことがない者という意味で無学と呼び、阿羅漢より下の位の者をまだ学ぶべきことがある者という意味で有学と呼ぶ。

方便品にはじまる三乗方便・一乗真実の道理の開示は、法説・譬喩説・宿世因縁説という三種の仕方でなされ、それを理解した声聞たちがみな順次、授記されるが、それはようやくこの品で完了するのである。

4　釈尊死後の『法華経』の担い手と永遠の釈尊

誰が『法華経』を受持するか

法師品《ほっしほん》第十から従地涌出品《じゅうじゆじゅっほん》第十五までの範囲は、釈尊が涅槃に入った後に、いったい誰が『法華経』を受持し、弘通《ぐずう》(経典を広めること)するのかというテーマが底流をなしている。これまでの声聞を相手にした話と打って変わって、法師品以降が菩薩を説法の相手としていることが大きな特色であるといえる。私は『法華経』成立当時の信仰者の実存的関心はこの範囲にこそあると考えている。

法師品第十においては、『法華経』を信仰する者の功徳や、彼らの隠された宗教的境地の本質、『法華経』の卓越性、『法華経』を弘通する方法などが説かれる。とくに、釈尊が涅槃に入った後に、つまり無仏の世に、『法華経』を信仰する者は過去世において悟りを完成した偉大な菩薩であり、衆生を思う大慈悲心によって、あえてこの仏滅後の娑婆世界という悪世、穢土《えど》を選んで生まれてきたことを明らかにしている点は興味深い。この菩薩の描写は、従地涌出品第十五に出る地涌《じゆ》の菩薩とはどんな菩薩かを説明したものといえる。

宝塔の出現

見宝塔品《けんほうとうほん》第十一の冒頭は、宝石で飾られた巨大な塔が大地から涌出してくるところから始まり、しかもその中から、釈尊の説いた『法華経』は真実であるという大きな声が聞こえてくる。品の出だしとして興味津々たるものがある。インドでは、釈尊の死後、その遺骨を祀《まつ》るために作られた土饅頭型の墳墓を塔(ストゥーパ)といった。

さて、釈尊は宝塔の出現の理由について次のように説明する。東方の宝浄《ほうじょう》という国に多宝《たほう》という名の如来がいたが、多宝如来はその菩薩時代に、『法華経』が説かれる場所であればどこにでも、自分の仏塔を出現させて、『法華経』の正しさを証明しようという誓願を立てた。そこで、多宝如来は涅槃に入るときに、自分を供養するために一つの大きな仏塔を建立するよう指示し、その後、誓願のとおり、『法華経』が説かれるところにはどこにでも出現して『法華経』の正しさを証明してきた。今の現象もまったく同じで、多宝如来は『法華経』を聞くためにこの場に出現して、『法華経』の正しさを証明するのである。

大楽説菩薩《だいぎょうせつ》が多宝如来を拝見したいというので、釈尊は、そのためには釈尊の分身仏《ふんじんぶつ》を十方世界から集合させるという多宝如来の立てた誓願を満たさなければならないと答える。分身仏とは、仏が神通力によって作り出した(化作《けさ》した)仏身の意である。『法華経』の場合は、釈尊の身体から化作された仏で、十方世界に派遣され、それぞれの世界で説法しているとされる。そこで、釈尊は分身仏を集合させるために、三回にわたって穢土《えど》である娑婆世界を浄化する。このドラマの思想的意味は、諸仏の空間的統一と考えるが、これについては、本書の第二部・第二章において取りあげる。

虚空での二仏の出会い

釈尊の分身仏を集合させるという条件を満たしたので、釈尊は虚空に昇り、右手で多宝如来の宝塔の扉を開けると、大きな音がし、その中に多宝如来が師子《しし》(獅子のことであるが、経典では必ず師子と記す)座《ざ》に坐り、全身が備わって分散せず、禅定《ぜんじょう》に入っているような姿が見え、「すばらしい。すばらしい。釈迦牟尼仏は『法華経』を気持ちよく説いた。私はこの経を聞くためにここに来た」という多宝如来の声が聞こえた。

多宝如来は宝塔の中で、半座を釈尊に与えようとして、「釈迦牟尼仏よ。この座席に坐ってください」と述べた。釈尊は宝塔に入り、その半座に坐って結跏趺坐《けっかふざ》した。これを二仏並坐《にぶつびょうざ》と呼ぶ。二仏並坐については、これまでもさまざまな解釈がなされてきた。現実の時間と空間の枠組を突破した虚空における説法は、何よりもそこにおいて説かれる真理の普遍性と永遠性を強調するものであったと思われる。日蓮はこの二仏並坐の儀式を曼荼羅《まんだら》本尊《ほんぞん》として図像化し、信仰の対象、修行のよりどころとした。

　虚空で繰り広げられる二仏の出会いを見た大勢の者たちは釈尊に願って、自分たちも虚空に昇った。この後の『法華経』の説法は嘱累品《ぞくるいほん》第二十二まで空中で行なわれるので、これを虚空《こくう》会《え》と呼ぶ。そこで、『法華経』は前霊山会《ぜんりょうぜんえ》、虚空会、後霊山《ごりょうぜん》会の二《に》処三会《しょさんね》(二つの場所と三回の説法の集会)の説法といわれる。

　釈尊は大きな声で四衆にくまなく「誰かこの娑婆世界で『法華経』を敷衍《ふえん》して説くことができるか。今、ちょうど適当な時である。如来は遠からず涅槃に入るであろう。仏はこの『法華経』をしっかりと付嘱《ふぞく》したい」と告げた。付嘱とは、委託するという意味で、仏の涅槃に入った後の経典の弘通を委《ゆだ》ねることである。これはまさに釈尊の臨終の予言であり、娑婆世界において、釈尊が涅槃に入った後に『法華経』を継承するものはいったい誰なのか、という問いかけで見宝塔品は終わっている。この答えは、従地涌出品で与えられることになるが、この『法華経』の受持は困難をきわめるのである。それを偈頌《げじゅ》では六難九易《ろくなんくい》の譬喩によって示している。六難九易は、『法華経』を受持する困難さを六箇条、容易な事がら(常識的にはとても困難な事がらであるが、『法華経』受持の困難さに比べて容易な事がらとされる）を九箇条上げるものである。たとえば、世界の終末に起こる火災のときに、乾燥した草をかついで火災の中に入って焼けないとしても、まだ困難ではないが、『法華経』を仏滅後に説くことは困難である、などである。法華経らしい壮大なレトリックである。

悪人と女人の物語

提婆《だいば》達多《だった》品《ほん》第十二は鳩摩羅什《くまらじゅう》の訳には欠けていた。つまり、『妙法蓮華経』は二十七品であった。竺道生《じくどうしょう》の『妙法蓮花経疏』や法雲《ほううん》の『法華義記』には、提婆達多品の注釈は含まれていない。後に別人が漢訳した提婆達多品が鳩摩羅什訳に編入されて、現在見る二十八品の形になったのである。六世紀の後半の智顗《ちぎ》（天台大師。五三八―五九八）や吉蔵《きちぞう》（嘉祥《かじょう》大師。五四九―六二三）の法華経疏（疏《しょ》は注釈の意）には提婆達多品の注釈が含まれているので、その時期に編入されたことがわかる。もちろん、提婆達多品が『法華経』に編入された理由は、竺法護《じくほうご》の『正《しょう》法華経』の七宝塔品《しちほうとうほん》第十一（見宝塔品に相当）の末尾に提婆達多品の内容が含まれているからである（『正法華経』のあるテキストでは、提婆達多品相当部分を梵志《ぼんじ》品《ほん》として別立する）。つまり、竺法護のもっていた『法華経』原典には、すでに提婆達多品の内容が含まれていた。現在伝わる梵本の『法華経』も形式的には『正法華経』と同じである。では、鳩摩羅什のもっていた『法華経』の原典に提婆達多品が含まれていなかったのはなぜであろうか。一般には、『法華経』が一度二十七品として成立した後のある時期に、提婆達多品が編入されたのであって、鳩摩羅什のもっていた『法華経』の原典はまだ提婆達多品を編入する以前の古い原典であったであろうと推定されている。これには、一部の学者の反論もある。ちなみに、中央アジア出土のファルハード・ベーグ本においても提婆達多品は含まれていない。また、同じく中央アジア出土のペトロフスキー本においては、提婆達多品が独立の品として別立されている。

提婆達多品は、中国・日本においては悪人成仏と女人成仏を説く品であるといわれてきた。これについては、本書の第二部・第一章で取りあげる。

迫害に耐える

六難九易を通して『法華経』が受持し難いことを明かした見宝塔品を受けて、勧持品《かんじほん》第十三においては、まず薬王《やくおう》菩薩・大楽説《だいぎょうせつ》菩薩たちが、釈尊が涅槃に入った後に『法華経』を保持し、広めることを誓う。そして、釈尊死後の悪世の衆生は宗教的なレヴェルがきわめて低く、教化することが困難であるので、自分たちは偉大な忍耐の力を生じる必要があると述べる。

次に、授記された五百の阿羅漢と八千の声聞たちが『法華経』の弘通《ぐずう》を誓うが、菩薩の誓いと相違して、彼らの場合は、娑婆世界以外の他の国土における弘通と限定している。経典はその理由を明示していないが、声聞と菩薩を対照させると、声聞には菩薩の誓ったような偉大な忍耐の力が欠如しているので、とうてい宗教的なレヴェルの低い娑婆世界の衆生を相手に『法華経』を弘通することができないことが示唆されていると考えられる。法師品以降、一貫して、娑婆世界において、釈尊滅後の『法華経』の受持・弘通を担うことのできるものはいったい誰なのかがテーマになっているのだが、この勧持品では、沙婆世界以外の国土での弘通を担当することを誓う声聞ではないことだけは明らかになった。

次に、摩訶波闍波提《まかはじゃはだい》（マハープラジャーパティー。釈尊の母、摩耶《まや》夫人の妹で、後に釈尊の義母となる）と耶輸陀羅《やしゅだら》（ヤショーダラー。釈尊の出家前の妻）などの比丘尼が釈尊によって授記される。授記された彼女たちは、娑婆世界以外の他の国土で『法華経』を弘通することを誓う。理論的には、授学無学人記品までで声聞に対する授記は終わったはずであるが、ここまでの範囲で、比丘尼に対しては具体的な個人を取りあげて授記してこなかったので、釈尊が比丘尼の要望を聞き入れて、この勧持品で授記するのである。

最後に、菩薩たちがいかなる迫害、法難をも堪《た》え忍んで『法華経』を保持し、広めるという決意を宣言する。

さて、『法華経』のなかには、さきに述べたように『法華経』を保持し、広めるなどというように『法華経』を対象化した表現がしばしば出る。論理的に考えれば、『法華経』のなかで指し示されている『法華経』は、我々が現在見る二十八品の『法華経』とは異なるはずである。つまり、『法華経』のなかの『法華経』は、『法華経』の核心である一仏乗の教えを指していたはずである。ただし、『法華経』が経典として成立した後には、『法華経』を保持し、広めるといえば、それはとりもなおさず経典としてまとまっている『法華経』を指したことも歴史的な事実である。

『法華経』を広めるための心がけ

勧持品における菩薩たちの『法華経』弘通の誓願を受けて、安楽行品《あんらくぎょうほん》第十四では、釈尊滅後の悪世における弘通の方法として、身・口・意・誓願の四つに関する安楽行(四安楽行)を説く。この四安楽行の名称については注釈家によって相違するが、いまは智顗《ちぎ》の説にしたがう。また、髻中明珠《けいちゅうみょうしゅ》の譬喩(七喩の第五)が説かれる。

四安楽行のなかの第一の身《しん》の安楽行には、行処《ぎょうしょ》と親近処《しんごん》とがある。行処とは善い行ないのことで、親近処は交際範囲のことである。行処については、忍辱《にんにく》の境地にとどまり、優しく穏やかで善く調えられて従順であり、存在のありのままの様相を観察し、実体視して捉えることがないと説明される。

次に、親近処については二つに分類され、第一の親近処は交際範囲を限定するという趣旨が説かれる。具体的には、国王・太子・大臣・役人の長などの政治権力者、仏教以外の宗教家たち、詩書を作る人、悪い遊び人、格闘技家、役者、旃陀羅《せんだら》(チャンダーラ。不可触賤民)などに近づいてはならないと戒められている。ここには職業に対する差別思想が見られ、一切衆生の成仏を目指したはずの『法華経』の立場と相容れない雑多な思想の混入を見て取れるが、後出(一五六頁)の龍女《りゅうにょ》の変成男子《へんじょうなんし》、即ち女性が男性に変身してから成仏するという女性に対する差別と同様、時代思潮の制約から完全には自由になっていない限界のあることを感じる。

これらの人々に近づいてはならないが、このような人々が向こうからやって来たならば、法を説いても何も期待してはならないといわれる。また、女性に対して情欲を起こして法を説いてはいけないなどと種々の注意が説かれる。第二の親近処は、空《くう》を徹底的に認識、観察することを勧める趣旨である。

四安楽行の第二は口の安楽行である。これは言葉に関する注意を指す。釈尊が涅槃に入った後、末法(正しい法の衰える時代)において、『法華経』を弘通しようとするならば、人の過失や『法華経』以外の経典の過失を進んであげつらってはならないし、他の法師を軽蔑してもならないなどという具体的な注意を示している。

第三は意の安楽行である。厳密には心のあり方だけでなく、発言などの要素も含まれているが、ポイントは嫉妬やへつらい・欺きの心をもってはならないという心構えを説いている。

第四は誓願の安楽行である。釈尊滅後の末世で法が滅しそうなときに、『法華経』を受持するものは、在家・出家の人々にたいしては偉大な慈しみの心を生じ、菩薩でない人々にたいしては偉大な同情の心を生じて、自分が成仏したときには、どこにいようとも、神通の力と智慧の力によって、『法華経』によってこれらの人々を救済することを誓願すべきであると説かれる。

地涌の菩薩の出現

従地涌出品《じゅうじゆじゅっぽん》第十五で、釈尊死後の『法華経』受持・弘通の主体者がはじめてその正体を現わす。娑婆世界以外の他方世界からやって来た八恒河沙《ごうがしゃ》(ガンジス河の砂の数を一恒河沙とする)を超える多数の菩薩たちが『法華経』弘通を誓ったが、釈尊はこれを拒絶し、自分の世界である娑婆世界には六万恒河沙の菩薩がいて、『法華経』を弘通するのは彼らであるという。そのとき、娑婆世界の下の虚空に住んでいた六万恒河沙の菩薩が大地を割って出現する。地から涌き出たので、彼らを地涌《じゆ》の菩薩と呼ぶ。このような見たことも聞いたこともない菩薩が出現したので、弥勒菩薩や多数の菩薩たちは疑問に思い、序品《じょほん》と同じように弥勒菩薩が代表して、これらの菩薩はいったいいかなる者なのかについて釈尊に質問する。

釈尊は弥勒菩薩の質問をほめたたえてから、これらの菩薩は自分が成仏してから教化した弟子であると答える。しかし、弥勒菩薩は、釈尊はまだ成仏して間もない(四十余年)のに、これほど多くの弟子がいることに疑問を感じ、さらにこの疑問に答えてくれるよう釈尊に願う。私は、この地涌の菩薩こそ、『法華経』が成立した歴史的情況における『法華経』制作者の自画像であると捉えている。地涌の菩薩の思想については、本書の第二部・第三章において取りあげる。

永遠の生命をもつ釈尊

如来寿量品《にょらいじゅりょうほん》第十六では、弥勒菩薩の地涌の菩薩に関する質問を受けて、釈尊は自身が成仏したのは今世ではなく、五百塵点劫《じんでんごう》というはるか遠い過去においてであることを明かし、あわせて未来も不滅であると説く。つまり、『法華経』の中心思想の一つである「永遠の生命をもつ釈尊」の像が明らかにされる。如来寿量品のポイントは、第一に釈尊の寿命が永遠であること、第二に釈尊が涅槃に入るのは方便(教化のための巧みな手段)であること、第三に信仰のある者は釈尊を見ることができるとすることである。とくに第二の思想を、良医病子《ろういびょうし》の譬喩(七喩の第七)に仮託して説いている。永遠の生命をもつ釈尊(久遠《くおん》の釈尊)の思想については、本書の第二部・第二章において詳しく取りあげる。

『法華経』の信仰の功徳

分別功徳品《ふんべつくどくほん》第十七から法師功徳品《ほっしくどくほん》第十九までで、釈尊は自身の永遠の生命を信受する者が獲得する功徳・利益をくりかえし明らかにしている。

分別功徳品では、釈尊がその功徳を十二段階に分けて説き、次に弥勒菩薩に対して、衆生が仏の生命の永遠を聞いて信仰するあり方とその功徳をいくつかに分類して示す。いずれも『法華経』を信仰する偉大な功徳を強調したものである。

次に随喜功徳品《ずいきくどくほん》第十八では、前品で明かされた、『法華経』を聞いて随喜することの功徳について説く。つまり、『法華経』の教えを喜ぶ功徳が強調されている。随喜の功徳の中でも、五十展転《ごじゅうてんでん》の功徳が有名である。どんな人でも『法華経』を聞いて随喜した人が、他人のために、それぞれの力に応じて『法華経』を説くとする。すると、その聞いた人がまた随喜して他の人のために『法華経』を説く。このようにして『法華経』を次々に説いていき、第五十番目の人が『法華経』の一偈を聞いて随喜する功徳は、四百万億阿僧祇《あそうぎ》の世界の六道《ろくどう》の衆生に八十年の間、あらゆる財宝を布施し、なおかつ最終的には阿羅漢果《あらかんか》を得させる功徳よりもはるかに大きいとされる。まして、第一番目に『法華経』を聞いて随喜する人の功徳は、第五十番目の人の功徳と比べることのできないほど大きいとされるのである。

次に法師功徳品《ほっしくどくほん》第十九では、眼《げん》・耳《に》・鼻《び》・舌《ぜっ》・身《しん》・意根《いこん》の六根清浄《ろっこんしょうじょう》の功徳を説く。金剛杖《こんごうじょう》をもち、六根清浄と唱えながら山を登る山岳信仰があるが、これも身心の浄化を期待してのことである。六根清浄の具体的な内容については、たとえば眼根の功徳については、父母から与えられた清浄な肉眼によって、三千大千世界の内と外にある、阿鼻《あび》地獄(無間《むけん》地獄)から有頂天《うちようてん》(色界の頂上にある神々の住処)までの範囲のあらゆる山・林・河・海を見ることができるとされる。また、その範囲の衆生を見、またその衆生の業とその報いとして生まれる場所をすべて見、知ることができるとされる。他の五根の功徳も超能力的な事がらが説かれる。功徳としての生命の浄化が説かれていると理解される。

『法華経』の実践者たち

次に常不軽菩薩品《じようふきようぼさつほん》第二十においては、釈尊が、六根清浄の功徳を得た実例として常不軽菩薩(不軽菩薩と略すことが多い)の物語を紹介する。実はこの不軽菩薩は釈尊の過去世の姿であるとも説く。不軽菩薩は、自分の出会うあらゆる比丘・比丘尼・優婆塞・優婆夷に向かって、彼らを礼拝し、ほめたたえて「私は深くあなたたちを尊敬する。軽んじあなどろうとはしません。なぜならば、あなたたちはみな菩薩の修行を実践して、成仏することができるであろうからです」と語りかける。ここには人間を最大に尊厳視する思想と実践が示され、『法華経』の中心思想の一つである一仏乗の思想を生き生きとした実践に移したものと見ることができる。詳しくは本書の第二部・第一章において取りあげる。

次に如来神力品《にょらいじんりきほん》第二十一においては、従地涌出品において出現した地涌の菩薩が『法華経』を弘通することを誓う。これに対して、釈尊は広長舌《こうちょうぜつ》を梵天(ここでは梵天という神の名ではなく、梵天の住む世界のこと)にまで伸ばす(仏は広く長い舌をもっているとされ、それを伸ばして須弥山の上方にある梵天にまで届くようにするのは、発言の内容が真実であることを示すとされる)などの神通力を示した後に、『法華経』の功徳はこのような不可思議な仏の神通力によっても説き尽くすことはできない、「要を以て之れを言わば、如来の一切の所有《あらゆ》る法と、如来の一切の自在の神力《じんりき》と、如来の一切の秘要《ひよう》の蔵《ぞう》と、如来の一切の甚深《じんじん》の事《じ》とは、皆な此の経に於《お》いて宣示顕説《せんじけんぜつ》す」と述べて、如来の本質はすべて『法華経』のなかですでに説いたことを明らかにし、この『法華経』を地涌の菩薩に付嘱《ふぞく》(委託)する。

次に嘱累品《ぞくるいほん》第二十二においては、一切の菩薩たちに対して、『法華経』を総じて付嘱する。ここで、多宝如来の塔を開くために集合させられた釈尊の分身仏《ふんじんぶつ》たちはそれぞれ本国に帰り、多宝如来の塔もその扉が閉められて帰っていくことを勧められる。ただし、多宝如来の塔はここで元の場所に帰るよう勧められているが、後の妙音菩薩品《みょうおんぼさつほん》や観世音菩薩普門品《かんぜおんぼさつふもんぼん》にもまた登場している。

嘱累品は一般的には、経末に置かれるものなので、鳩摩羅什訳においてこのように中途に置かれることは奇妙な印象を与える。嘱累品がこの位置に置かれる問題に関して、『法華経』の発展のある段階においては、『法華経』はこの範囲までしか成立していなかったのではないかという推定がなされたり、反論が出されたりした。

5　さまざまな菩薩の活躍

最後の六品の意義

ここまでの範囲において、すべての衆生を平等に成仏させる一仏乗を説き、釈尊滅後の『法華経』の受持・弘通の主体者が地涌の菩薩であることを説き、さらに釈尊の永遠の生命を説き、それを信受する者の功徳を説き、地涌の菩薩とその他すべての菩薩に『法華経』を付嘱するのであるから、『法華経』はここで終わっても何ら差し支えないと考えられる。そこで、多くの学者もこの後の六品は後代の付加であると推定した(ただし、近年、提婆《だいば》達多《だった》品《ほん》を除く二十七品の同時成立説が出された)。

嘱累品までで『法華経』は一応完結したといってもよいのであるが、実際には薬王菩薩本事《やくおうぼさつほんじ》品《ほん》第二十三から普賢菩薩勧発品《ふげんぼさつかんぼっぽん》第二十八までの六品が続き、陀羅尼品《だらにほん》第二十六を除いて、偉大な菩薩や王の故事を取りあげ、彼らと『法華経』との密接な関係を説き示して、『法華経』の偉大さをたたえている。分量的にもかなり長く、興味深い物語も説かれるのであるが、『法華経』の中心思想はすでにこれ以前に説かれたと考えてよいだろう。

「諸経の王」の意味

薬王菩薩本事品においては、薬王菩薩の過去世の焼身《しょうしん》供養の物語が語られる。本事とは、過去世における由来の意である。薬王菩薩は『法華経』の功徳によって現一切色身三昧《げんいっさいしきしんざんまい》を得たことを感謝して、仏と『法華経』に供養しようと思い、最高の供養として焼身供養を行なったのである。現一切色身三昧とは、普現色身三昧《ふげんしきしんざんまい》ともいわれ、あらゆる身体を現わし示す三昧で、菩薩の救済力の大きさを示すものである。つまり、自由自在に変身することができるのである。

また、ここで釈尊は『法華経』が諸経の王であることをさまざまな譬喩を用いて示す。たとえば、「多くの河川の中で海が第一であるように『法華経』は如来の説く経の中で最も深く偉大であり、多くの山の中で須弥山《しゅみせん》が第一であるように『法華経』は諸経の中で最上であり、……『法華経』を受持する者はすべての衆生の中で第一であり、すべての声聞《しょうもん》・縁覚《えんがく》の中で菩薩が第一であるように『法華経』はすべての経の中で最も第一であり、仏が諸法の王であるように『法華経』は多くの経の中の王である」と説かれる。江戸時代の国学者、平田篤胤《あつたね》（一七七六―一八四三）が『法華経』は薬の効能書きばかりで、肝心の丸薬《がんやく》がないと批判したのは、ここに見られるような『法華経』の自画自賛に対するものであったが、もちろん国学の宗教化を図ることによって仏教と対抗せざるをえなかった彼には『法華経』の深い宗教性を理解しようとする気持ちも立場もなかった。

『法華経』は複雑多岐に分かれたさまざまな仏教思想のなかで、釈尊の真意はどこにあるかという根本の問題を明らかにしようとしたものである。それは一仏乗の思想、つまりすべての衆生が平等に成仏できるという思想である。したがって、『法華経』がこまごまとした仏教思想についてはあまり多くを説いていないのは当然であり、それを誤解すると、肝心の丸薬がないと批判することになってしまう。現代は、人権の普遍性などの思想が多くの国々で広く認められているので、人間は神のもとで平等であると説かれても、誰も驚かないであろうが、古代の社会において人間の平等を説くことは衝撃的で危険な思想であった。『法華経』における平等思想は、すべての人の成仏の可能性の平等を指摘することによって示されており、この点は神のもとでの平等を説くキリスト教とは異なるが、別のタイプの宗教の平等思想を示しているのである。

さまざまな救済の菩薩

妙音菩薩品第二十四《みょうおんぼさつほん》においては、浄光荘厳世界《じょうこうしょうごんせかい》に住む妙音菩薩が娑婆世界にやって来る。釈尊は、妙音菩薩が三十四種類の身に変身して『法華経』を説き衆生を救済すること、妙音菩薩の住する三昧の名は現一切色身三昧《げんいっさいしきしんざんまい》であることなどを説く。

観世音菩薩普門品《かんぜおんぼさつふもんぼん》第二十五においては、現一切色身三昧に住する観音菩薩が三十三身を現わして、苦難の衆生を救うという現世利益《げんぜりやく》を説いている。この品は単行されて『観音経《かんのんぎょう》』と呼ばれ、東アジアにおいて最も流行した経典といわれる。現世利益が、現実の生活に苦闘する庶民大衆の心を深く捉えたのである。観音菩薩については、本書の第二部・第三章において取りあげる。

陀羅尼品《だらにほん》第二十六においては、薬王菩薩と勇施《ゆぜ》菩薩、毘沙門天王《びしゃもんてんのう》と持国天王《じこくてんのう》、十羅刹女《じゅうらせつにょ》などがそれぞれの陀羅尼呪《じゅ》を唱えて、『法華経』を弘通する人の守護を誓う。陀羅尼はダーラニーの音写で、総持と漢訳される。もともと経典を記憶する力、善を保持する力を意味するが、ここでは仏の教えのエッセンスで、神秘的な呪力があるとされる比較的長い呪文の意である。

次に妙荘厳王本事品《みょうしょうごんおうほんじほん》第二十七においては、過去に、仏教以外の教えに執著している妙荘厳王が夫人の浄徳《じょうとく》、二人の子供の浄蔵《じょうぞう》と浄眼《じょうげん》の勧めによって仏弟子となり、『法華経』を修行して一切浄功徳荘厳三昧《いっさいじょうくどくしょうごんざんまい》を得、仏に授記されることが説かれる。妙荘厳王の二人の子供は偉大な神通力・福徳・智慧があり、長い間、菩薩の修行を実践していた。母は二人の子供に、神通力によって父を仏法に目覚めさせるように勧める。そこで、彼らは、空中高く昇り、虚空の中で歩いたり、とどまったり、坐ったり、横になったりし、上半身から水を出して下半身から火を出したり、またその逆に下半身から水を出して上半身から火を出したりなどのさまざまな神通力を示し、父の王の心が清浄になり、仏法を信じ理解できるようにした。

父は子供の神通力に感銘を受け、子供の師である雲雷音宿王華智《うんらいおんしゅくおうけち》仏《ぶつ》にお会いしたいという。二人の子供は父を仏法に目覚めさせたことを母に報告するとともに、自分たちが出家できるように願ったところ、母はこころよく許可してくれた。そこで、二人の子供は両親に、雲雷音宿王華智仏のもとに行き、直接お目にかかって供養するよう勧めた。なぜならば、仏に出会うことは優曇波羅華《うどんばらげ》(三千年に一度しか咲かないとされる)のようであり、一眼の亀が穴の開いた浮き木に出会う(海底に住む片目の亀が百年に一度海面に上がってきて、そのときちょうど亀の甲羅が入る穴の開いた浮き木に出会うこと)ように難しいからであると述べる。妙荘厳王は多くの臣下、仲間とともに、浄徳夫人は後宮の多くの女官、仲間とともに、二人の子供は四万二千人とともに、同時に仏のもとに行き、仏は王のために法を説き、王は大いに喜んだ。それから、雲雷音宿王華智仏は、妙荘厳王に授記する。妙荘厳王はすぐに国を弟に与え、浄徳夫人、二人の子供、多くの仲間とともに出家して修行した。王は出家してから八万四千年の間、常に熱心に努力して、『法華経』を修行した。その後、王は一切浄功徳荘厳《いっさいじょうくどくしょうごん》という名の三昧を得たのである。最後に、釈尊は、妙荘厳王は今の華徳《けとく》菩薩であり、浄徳夫人は今の光照荘厳相《こうしょうしょうごんそう》菩薩であり、二人の子供は薬王《やくおう》菩薩と薬上《やくじょう》菩薩であると打ち明ける。このような過去世の物語の登場人物と現在の人物を同定する説法の方法は、仏典に広く見られるが、輪廻転生《りんねてんしょう》が受け入れられている文化においては、この方法はかなり説得力をもったはずである。

『法華経』の結び

最後に普賢菩薩勧発品《ふげんぼさつかんぼっほん》第二十八においては、東方の宝威徳上王《ほういとくじょうおう》仏の国からやって来た普賢菩薩が『法華経』を受持する者を守護することを誓い、また釈尊が『法華経』を受持する者の功徳を説く。「勧発」の原義は、鼓舞するという意味である。

普賢菩薩は東方の宝威徳上王仏の国において、娑婆世界で『法華経』が説かれるのを聞いて、はるばる霊鷲山《りょうじゅせん》にやって来たのである。普賢菩薩は、釈尊に対して、自分は六牙《ろくげ》の白象《びゃくぞう》に乗って現われ、『法華経』の信仰者を守護することなどを誓い、さらに、守護のための陀羅尼呪《だらにじゅ》を説く。次に、普賢菩薩は釈尊に、今、自分は神通力によって、この『法華経』を守護し、如来が涅槃に入った後に閻浮提《えんぶだい》(我々人間の住む世界)において、この『法華経』を広く流布し、断絶しないようにさせると誓うのである。

釈尊は、普賢菩薩の誓いをほめたたえたうえで、『法華経』を信仰する功徳と、『法華経』を誹謗する罪の報いを説く。最後に、釈尊は普賢菩薩に、「もしこの『法華経』を受持する者を見れば、仏を尊敬するように、起ち上がって遠くから迎えに行くべきである」と語る。

『法華経』は建前として釈尊が説いているのであるが、経典の形にまとめるには、第三者としてある情況を客観的に描写する編纂者が必要となる。たとえば『法華経』の冒頭の聴衆の描写記述などがそれである。同様に、結びにあたっても『法華経』の編纂者は、この普賢菩薩勧発品が釈尊によって説かれたとき、多数の菩薩たちは説法のためのすばらしい記憶力を身につけ、他の多数の菩薩たちは普賢菩薩の修行を完全に備えたという。

さらに、『法華経』全体が、釈尊がこの『法華経』を説いたとき、普賢菩薩などの菩薩たち、舎利弗などの声聞たち、天・龍など、人間や人間でないものたち、集会に集ったすべての者たちはみな歓喜して、釈尊の言葉を受持して、敬礼をして退出したという記述で結ばれる。『法華経』の結びはこのように簡潔な結びであり、『法華経』冒頭の物々しさとはまったく趣きを異にするが、これで『法華経』二十八品はすべて完了する。

第三章 『法華経』のテキスト

1 梵本の成立と翻訳

『法華経』が初期大乗経典の一つであることはすでに述べた。その成立については、紀元一、二世紀頃の成立と推定されている。仏教の開祖である釈尊の生没年代さえ正確にわからないインド古代史のことであるから、『法華経』の正確な成立年代がよくわからないのも無理はない。『法華経』の成立の絶対年代は不明であるが、『法華経』内部には明らかに新古の層の区別があると見なされ、したがって長い時間をかけて段階的に成立したという説が有力である。ところが、近年、提婆達多品《だいばだったほん》を除く序品《じょほん》から如来神力品《にょらいじんりきほん》までの同時成立説や、提婆達多品を除く二十七品の同時成立説も出されている。これらの説においては、提婆達多品が鳩摩羅什《くまらじゅう》訳に元来存在しなかったことから、提婆達多品が最も遅く『法華経』に組み込まれたと推定されている。これに対し、さらに提婆達多品の内容は『法華経』成立の初期から含まれていたはずであるという反論も出されている。

『法華経』のサンスクリット語名はサッダルマプンダリーカ・スートラ(Saddharmapuṇḍarīka-sūtra)である。この『法華経』のサンスクリット語の原典(梵本《ぼんぽん》)は、イギリスのネパール駐在公使であったホジソンが一八二一年にその写本を発見して以来、現在まで多くの写本が発見されてきた。それらは発見された地域によって、ネパール本、ギルギット(カシミール)本、中央アジア(西域)本の三種の系統に分類される。刊本としては、ケルン・南条本(一九〇八―一九一二年)が最初に刊行され、その後、さまざまな出版が今日まで続いている。

また、『法華経』はアジアに広まり、翻訳には、漢訳・チベット語訳のほかに、西夏《せいか》語、古代トルコ語、満州語、安南《あんなん》語、蒙古《もうこ》語などがある。

『法華経』梵本の近代語訳について言えば、最初にフランスのビュルヌフによって仏訳が刊行(一八五二年)され、次にオランダのケルンによって英訳が刊行(一九〇九年)された。日本語訳にも数種類ある。

東アジアでは鳩摩羅什訳『妙法蓮華経』が広まり、現在でも生きた信仰の聖典とされている。そこで、日本の各宗教教団が世界各地の会員のために鳩摩羅什訳からの英訳を個別に刊行し、それを含めてこれまで六種類の訳がある。さらにスペイン語訳、フランス語訳、イタリア語訳その他も刊行、または刊行準備中である。鳩摩羅什訳の現代日本語訳も十数種刊行されている。

2　タイトルの意味

『法華経』の梵名はサッダルマプンダリーカ・スートラであることはすでに触れた。サットは正しい、善いの意味であるので、サッダルマは「正しい法」といった意味であるが、鳩摩羅什は当時流行の『老子』の思想において「道」の形容語として重視された「妙」の文字を採用して「妙法」と訳したのであろうという説がある。「妙」によって、我々の感覚・知覚で捉えることのできない不可思議なものという意味が込められ、「正法」(竺法護《じくほうご》による)と訳すよりも、かえって中国の人々には魅力あるものとして受け取られるようになったと思われる。

このサッダルマは、第一に仏教の真理を意味し、まさしく釈尊はサッダルマを悟って仏となったのであり、悟りを開いた釈尊は自分は独自に悟ったのであるから、今後は他の誰でもなく、このサッダルマそのものを尊敬し続けようといった、その当のものである。したがって、「正しい教え」と解釈するだけではすまないと思う。「教え」といえば、言葉で説かれたものであるが、この場合のダルマは言葉で説かれた教え以前のより根源的なものである。さらに、仏教の真理といっても単に悟りの対象としての客体的なものであるばかりでなく、方便品《ほうべんぼん》を参照すれば、如来たちが無数の仏のもとでの長い修行によって身につけ、知った如来たちの「特性」

の意味であり、その内実は究極的には仏の智慧とされる。つまり、サッダルマは、第二に仏において主体化されて智慧となっているものである。要するに、サッダルマには客体的な面と主体的な面とがあり、仏において一体となっている真理と智慧との両方を意味すると考えられる。プンダリーカは白蓮華であり、白蓮華のごときサッダルマというように、白蓮華の清浄さが譬喩《ひゆ》としてサッダルマを形容すると解釈する説が有力であるが、涅槃に完全に入って活動を停止してしまうのではなく、霊鷲山《りょうじゅせん》に常にあって衆生を救済する釈尊、つまり永遠の菩薩道を貫く釈尊自身を象徴するという説も出されている。サッダルマが、釈尊における真理と智慧を意味することが正しいならば、プンダリーカも釈尊自身を象徴するという説の方が私には興味深く思われる。

3 『法華経』の漢訳

中国における現存する『法華経』の漢訳には次の三種がある。第一には西晋《せいしん》の竺法護《じくほうご》(生年およそ二三〇年代で、七十八歳死去)の『正法華経』十巻(二八六年訳)である。第二には後秦《こうしん》の鳩摩《くま》羅什《らじゅう》(三四四—四一三、あるいは三五〇—四〇九)の『妙法蓮華経』七巻、あるいは八巻(四〇六年訳)である。第三には隋の闍那《じゃな》崛多《くった》(五二三—六〇五)と達摩《だつま》笈多《ぎゅうた》(?—六一九)の共訳の『添品《てんぼん》妙法蓮華経』七巻(六〇一年訳)である。

『正法華経』は、訳文が難解であること、そしてより重要な理由としては、当時の仏教学の中心が般若教学であったために、『般若経』ほど仏教界の注目を喚起することはなかった。これに対して、『妙法蓮華経』はようやく時代の脚光を浴び、多くの人によって信仰、研究された。後に紹介する中国の多くの注釈書も鳩摩羅什の訳本を対象としたものである。『添品妙法蓮華経』は『妙法蓮華経』に欠落している部分を補ったものであるが、後々まで鳩摩羅什訳が読誦《どくじゅ》された。もっとも現行の『法華経』には、鳩摩羅什訳に含まれていなかった提婆達多品などが編入されている。ところで、古来、六訳三存《ろくやくさんぞん》といって、『法華経』は全部で六回訳されたが、現存するものは上記の三訳であるという説が有名であったが、これは経録の読み誤りで、完本の訳はもともと上記の三訳しかなかったという説が現在有力である。

上記の三訳以外では、古い失訳経典(漢訳者の名が失われて知られない経)に『薩曇分陀利《さつどんふんだり》経《きょう》』という経があるが、これは宝塔の出現と提婆達多品の内容である提婆達多の過去世の物語や龍女の成仏を説いており、しかも非常に簡素な内容である。

なお、梵本(ケルン・南条本)と漢訳三本の間の異同を形態の上から整理すると、提婆達多品が見宝塔品の中に包摂されて、独立の品として別立されていないものと、独立しているものがあること、薬草喩品《やくそうゆほん》の後半の部分が『妙法蓮華経』にだけ欠けていること、陀羅尼品《だらにほん》の置かれる位置の相違など、いくつかの大きな相違点が見られるが、これは経典というものがいわば生き物のごとく、時の経過とともに、またさまざまな地域に流伝していくなかで、改変、増広されていくケースの多いことを物語っている。

4　インド・中国における『法華経』の注釈書

『法華経』は代表的な大乗経典の一つとして、インド、中国、日本において広く人々の信仰を集めてきた。

インドの注釈書

インドにおいて著わされた『法華経』の注釈書で現存するものは、すでに紹介したヴァスバンドゥの『法華論』である。残念ながら梵本は現存せず、菩提留支《ぼだいるし》訳『妙法蓮華経憂波提舎《うばだいしゃ》』と勒那摩提《ろくなまだい》訳『妙法蓮華経論優波提舎』の漢訳二本がある。略して『法華論』と呼ぶ。ちなみに、前者には吉蔵《きちぞう》の注釈書(『法華論疏《ほっけろんしょ》』)がある。

ナーガールジュナの『大智度論《だいちどろん》』(『大品般若経《だいぼんはんにゃきょう》』の注釈書)には『法華経』の引用が多数見られるが、『法華経』への最大の関心は阿羅漢の成仏にあったようである。『法華経』以外の経典では阿羅漢の成仏が説かれず、涅槃に入って二度とこの世に生まれないとされる阿羅漢が改めて菩薩道を修行して成仏するということは、まったく不可思議なことと受け取られていたからであった。インドにおける『法華経』への関心の所在を知ることができる。

中国の注釈書

中国では、二世紀半ば頃から仏典の漢訳が開始され、中国人が中国語によって仏教を学ぶことができるようになった。仏典は大きく分けると経《きょう》・律《りつ》・論《ろん》の三つに分けられるが、しだいに仏教の研究が進むと、経・律・論のそれぞれに対する注釈書が制作されるようになった。なかでも、経が釈尊の思想を学ぶ上で最良のものであったから、最も熱心に経の注釈書(経疏《きょうしょ》)が作られるようになった。

中国の現存する法華経疏をあげると、まず現存する最古のものとして、道生《どうしょう》(三五五頃―四三四)の『妙法蓮花経疏』がある。道生は鳩摩羅什の『法華経』の講義の記録をもとに、この注釈書を書いたと、自ら述べている。道生は鳩摩羅什の門下で、その独創的かつ透徹した仏教理解を高く評価された人物である。彼は、一闡提《いっせんだい》(イッチャンティカの音写語で、断善根《だんぜんごん》、信不《しんふ》具足《ぐそく》と訳される。貪りつつある人の意で、いわば悪のかたまりのような人のこと)の成仏を認めない法顕《ほっけん》将来の『六巻泥洹《ないおん》経』の教えを無視して、一闡提にも仏性《ぶっしょう》があり、ついには成仏するという説（闡提成仏説）を主張した。道生は経典の教えに違背する徒と非難され迫害を受けたが、彼の思想は後に伝わった曇無讖《どんむしん》訳『大般涅槃経』四十巻によって支持された。さらに道生は、仏教の真理は不可分、唯一なものであるとし、その真理を部分的、段階的に悟るという漸《ぜん》悟《ご》説を批判し、修行の段階的進展については認めるけれども、こと悟りに関しては、悟るか悟らないかのいずれかである（頓悟説《とんごせつ》）と主張した。頓悟説は中国の南宗禅《なんしゅう》に受け継がれ、中国仏教全体に大きな影響を与えた。

敦煌《とんこう》で発見された断片的な法華経疏を除けば、道生の法華経疏の次に古い法華経疏は光宅寺法雲《ほううん》（四六七―五二九）の『法華義記《ほっけぎき》』である。『法華義記』は、梁の三大法師の一人に数えられる法雲の『法華経』講義を弟子が筆録したものである。隋代の吉蔵、智顗《ちぎ》は南北朝時代（江南において成立した宋王朝（四二〇―四七九）と華北を統一した北魏王朝が拮抗《きっこう》併立した五世紀前半から、隋の文帝によって南北が統一される五八九年までの時代）において、法雲の法華学が傑出した地位を占めるものであったことを認め、深くその影響を受けながらも、『法華経』が『涅槃経』よりも劣ると考えた法雲を厳しく批判することによって、彼ら自身の法華学を築いていった。

隋・唐の注釈書

次に、智顗には、名《みょう》・体《たい》・宗《しゅう》・用《ゆう》・教《きょう》の五重玄義《ごじゅうげんぎ》の視点から『法華経』の思想を総合的に解釈した『法華玄義《ほっけげんぎ》』のほかに、『法華経』の随文釈義《ずいもんしゃくぎ》である『法華文句《ほっけもんぐ》』がある。『法華玄義』は『法華経』のタイトルの「妙法蓮華経」(名)、『法華経』の根拠となる真理(体)、『法華経』の教主である釈尊の自行の因果、つまり仏になるための自己の修行とその果報(宗)、釈尊の衆生救済のための智慧(用)、釈尊のすべての教えのなかでの『法華経』の位置づけ(教)の五項目について明らかにした書である。『法華文句』は経典の段落分けをしたうえで、経文の一々を取りあげて詳しく解釈したものである。この二著は実は智顗自ら執筆したものではなく、弟子の章安大師灌頂《しょうあんだいしかんじょう》(五六一―六三二)が智顗の講説を筆録し、後にそれを整理して完成したものである。智顗はけっして『法華経』至上主義者ではないが、確かに『法華経』を中心として釈尊の一生の教えを整理した。

次に、三論宗《さんろんしゅう》(龍樹の『中論』『十二門論』、その弟子の聖提婆《しょうだいば》の『百論』の三論を重視する学派)の大成者である吉蔵には、『法華玄論』『法華義疏』『法華遊意』『法華統略』があり、最も多くの法華経疏を著わしている。吉蔵は、大乗経典はすべて道(仏教の真理)を顕わすことにおいて平等であるとする立場に立っていた。

最後に、法相宗《ほっそうしゅう》(玄奘三蔵の伝え翻訳した経論に基づき、唯識思想を説く)を開創した慈恩大《じおんだい》師基《しき》(六三二―六八二)には、三乗方便・一乗真実という従来の『法華経』解釈の立場とまったく異なる三乗真実・一乗方便という立場から『法華経』を解釈した『法華玄賛《ほっけげんざん》』がある。

　これらの人々のなかに天台宗、三論宗、法相宗など各宗派の大成者がいることは、多くの宗派において『法華経』が無視できない重要性をもっていたことを示すものである。とくに、『法華玄義』『法華文句』『法華玄賛』には末注《まつちゅう》(注釈書をさらに注釈したもの)が多く、後代まで研究された。

5　中国における『法華経』の分科

　中国において経典を注釈する場合、経典の段落分け(分科)が中心的な課題であったことはすでに述べた。その際、経典全体を序分《じょぶん》・正宗分《しょうじゅうぶん》・流通分《るずうぶん》の三段落(これを一経三段と呼ぶ)に分けるという大枠は普及したが、具体的な分科は注釈家の数だけ存することになる。ここでは、もっとも影響力の大きかった天台宗の智顗による『法華経』の分科を代表例として紹介しよう。

　智顗の分科は一経三段、二経六段と呼ばれる。一経三段は、一般的な分科だが、具体的には、序品《じょほん》第一を序分とし、方便品《ほうべんぼん》第二から分別功徳品《ふんべつくどくほん》第十七の前半までを正宗分とし、それ以降を流通分とする。さらにそれと並んで、智顗は二経六段の分科を採用した。『法華経』を前半十四品の迹門《しゃくもん》と、後半十四品の本門《ほんもん》とに分け、それぞれを独立した一つの経典と見なし、それぞれを三段に分けたのである。まず迹門の三段は、序品第一を序分とし、方便品第二から授学無《じゅがくむ》学人記品《がくにんきほん》第九までを正宗分(開三顕一《かいさんけんいち》、つまり三乗が方便で、一乗が真実であることを説く)とし、法師品《ほっしほん》第十から安楽行品《あんらくぎょうほん》第十四までを流通分とする。本門の三段は、従地涌出品《じゅうじゆじゅっぽん》第十五の前半を序分とし、後半から分別功徳品第十七の前半までを正宗分(開近顕遠《かいごんけんのん》、つまり釈尊がインドではじめて成仏したとするのは方便で、久遠の昔に成仏したとするのが真実であると説く)とし、それ以降を流通分とする。

迹門、本門の名称については、『法華経』後半は久遠の昔に成仏したという真実を明かした本仏によって説かれた教えの意で本門という。これに対して、前半は、本仏が衆生を救うためにインドに迹《しゃく》(仏という具体的な姿かたち)を垂《た》れた仏、これを迹仏というが、この迹仏によって説かれた教えであるとして迹門という。

この本と迹は、『荘子』に説かれる聖人の具体的な行為を「迹」(足跡にたとえられる)といい、その行為の出てくる根拠を「迹する所以《ゆえん》」(履物《はきもの》にたとえられる)といったことに基づき、五世紀のはじめ、仏教の側で「迹する所以」を「本」と改めたものである。智顗《ちぎ》はこの概念を『法華経』の分科に利用したのである。

第四章　日本における『法華経』

我々日本人にとって『法華経』は古くから大変なじみの深い経典であった。「ホー、ホケキョ」と鳴くウグイスが経読み鳥という名をもつのも、その鳴き声をホケキョウ、つまり『法華経』と聞く人がいたからである。本章では、『法華経』が日本においてどのように受け入れられてきたかについて、思想面、文化面に焦点をしぼって紹介する。思想面では、最澄（七六七―八二二）による日本天台宗の開創と、日蓮（一二二二―一二八二）による日蓮法華宗の開創が重要であろう。また、『法華経』の文化的影響として、文学、芸術、芸能の諸分野について考察する場合も、天台宗の影響が圧倒的に大きく、室町期以降の時期においては、日蓮法華宗の影響も見られるようになる。

1　聖徳太子の『法華義疏』

三経の注釈

我が国に仏教が正式に伝来したのは六世紀の半ばとされるが、『法華経』もまもなく伝わったようである。聖徳太子(五七四—六二二)は、『法華経』『維摩経《ゆいまぎょう》』『勝鬘経《しょうまんぎょう》』の三経を講義したと伝えられ、さらに三経の注釈書、すなわち三経義疏《さんぎょうぎしょ》を執筆したと長い間信じられてきた。とくに『法華義疏』は正倉院の御物《ぎょぶつ》として、その原本が伝わり、ある学者はそれを聖徳太子の自筆本であろうとまで推定した。もしそれが事実であるならば、日本人の書いたもっとも古い書物で現存するものは、『日本書紀』『古事記』ではなく、『法華義疏』であるという面白いことになるのであるが、近年に至って、三経の講説が事実かどうかの問題、三経義疏の真偽問題が活発に議論され、今日に至っても決定的な結論には達していない。

中国の経典注釈書(以下、経疏《きょうしょ》という場合もある)の研究者である私には、注釈書というきわめてマニアックな仕事に聖徳太子が携わったとはとても思えない。実際に注釈書を読むと、ほとんどが経典の詳細煩瑣な段落分けであり、一部の僧が過去の段落分けに目を配りながら、自分独自の視点から新しい段落分けを作るというような仕事だからである。しかし、『法華義疏』

が古代・中世において聖徳太子の著作として引用され、さらに三経義疏についての注釈書が作られたことは歴史的事実である。

『法華義疏』はどんな書物か

『法華義疏』四巻は、先に紹介した中国の法雲の『法華義記《ほっけぎき》』八巻を「本義」「本疏」「本釈」と称して、盛んに引用し、またその所説に基づいて『法華経』(提婆達多品を欠く二十七品本)を注釈したものである。わかりやすくいえば、『法華義疏』にとってのタネ本が『法華義記』であった。日本で法華経疏といえば、天台宗の権威に基づいて、天台三大部《さんだいぶ》(『法華玄義《げんぎ》』『法華文句《もんぐ》』『摩訶止観《まかしかん》』)が圧倒的に流行した。したがって、三大部において批判の対象とされた法雲の『法華義記』を本義とする『法華義疏』の影響はそれほど大きくなかったといえよう。

『法華義疏』は、形式・内容ともにまったく中国の経疏に則り、本義として法雲『法華義記』に拠りながら、ときに本義に批判を加えて自説を展開しているものである。そもそも経疏というものは、経典の幾層にもわたる段落分けをなして、段落ごとの主題を規定し、また大段落と小段落との関係を規定し、経典全体の構成を明らかにするものである。また、当然、難解な語句の解説や譬喩の意味の解明などを含んだ内容となっている。一般の読者には煩瑣で退屈な感を与えるものであろう。そして、経疏の性格上、注釈者個人の思想を浮き彫りにすることもなかなか難しい。『法華義疏』についても同様である。

このような事情ではあるが、『法華義疏』の思想で注目すべきものを、二点取りあげるとすると、第一に『法華経』安楽行品において、近づくべき対象としてあげられている「常に坐禅を好む」者についての独自の解釈がある。つまり、『法華経』では「常に坐禅を好む」者に近づきなさいと説かれるのであるが、『法華義疏』では、経の原意に反して、「常に坐禅を好む」小乗の禅師に近づいてはならないと解釈している。その理由として「顛倒分別《てんどうふんべつ》の心有るに由《よ》るが故に、此《ここ》を捨てて彼《かしこ》の山間に就《つ》き、常に坐禅を好む。然《しか》らば則ち何の暇ありてか此の経を世間に弘通せん」(『大正新脩大蔵経』第五六巻・一一八頁中段)と述べている。『法華経』は釈尊滅後における経の弘通、宣伝を強調する経典であるので、その趣旨をふまえた解釈である。

第二に、「一大乗」という他の経疏に出ない用語が見られることである。『法華経』は一仏乗の思想(声聞・縁覚・菩薩の区別なく、みな平等に成仏できるとする思想)を説いているので、小乗と対立する『法華経』以外の大乗経典と区別する意図に基づき、「大乗」の上に「一」を冠することによって、小乗との対立を超え、小乗を包摂する『法華経』の立場を表現したものかもしれない。

2　『法華経』の写経・講経

経典の供養として『法華経』を書写

日本における写経は、天武二年(六七三)、川原寺《かわらでら》における一切経《いっさいきょう》の書写にはじまるといわれるが、『法華経』の写経に関しては、資料の初出が神亀三年(七二六)であり、これは聖武天皇が伯母の元正上皇のために行なわせたものである。また、聖武天皇が元正上皇の追善供養のために天平二十年(七四八)に『法華経』の千部の書写を行なわせたことは特筆に値する。もともと『法華経』法師品には受持・読・誦《じゅ》・解説《げせつ》・書写という五種法師《ごしゅほっし》の功徳が強調されていることから、インド、中国においても『法華経』の書写が盛んであった。敦煌《とんこう》から発見される写経のなかでも、もっとも多いものは『法華経』である。日本においても、『法華経』の書写が盛んとなり、無名の僧、一般の在家信徒から天皇まで多くの写経が行なわれた。

とくに平安時代には、貴族の間で、きわめて華美な装飾経が流行し、『法華経』にも紺紙《こんし》に金泥で書写したものや、料紙に草木、鳥、その他の模様を描いたものもあり、芸術性の高い写経が見られる。また、仏像を描いてその一つ一つの蓮台の上に『法華経』の一文字一文字を書く蓮台経、宝塔を描いてその一つ一つの中に一文字一文字を書く宝塔経、一体一体の仏像の横に一文字一文字を書く一字一仏経がある。これらの写経は、仏舎利(仏の遺骨)ではなく『法華経』という経典そのものの供養の重要性を説く『法華経』の思想に基づいたものであり、『法華経』に対する信仰の広がりをはっきりと示している。それらのなかでも芸術性の高い写経として、扇面《せんめん》法華経冊子(国宝・四天王寺)や、平清盛(一一一八―一一八一)が一一六四年に厳島神社に奉納した平家納経《のうきょう》(国宝・厳島神社)がある。

なお、平安時代後期に末法思想の影響を受けて、埋経《まいきょう》が盛んになった。釈尊滅後、五十六億七千万年後に弥勒が兜率《とそつ》の内院から娑婆世界に下生《げしょう》して、龍華三会《りゅうげさんね》の説法をするのに備えて、経典を書写し、それを経筒《きょうづつ》に収めて、地中に埋めることを埋経といい、経典を書写する功徳善根によって、未来に弥勒に出会って、弥勒の説法を聞き、救われたいという信仰に基づくことは第二章の1で述べた。中国では、智顗の師匠である慧思《えし》(南岳大師。五一五―五七七)の『立誓願文《りゅうせいがんもん》』に、慧思が『金字大品般若経《こんじだいぼんはんにゃきょう》』と『金字法華経』の埋経をしたことが記されている。我が国には、円仁《えんにん》(七九四―八六四)が伝えたとされる。この埋経の場合も『法華経』の書写が圧倒的に多い。藤原道長(九六六―一〇二七)が『紺紙金字法華経』を大和の金峰《きんぶ》山《せん》に埋納したことが知られている。

また、天平六年(七三四)十一月の太政官符では、僧侶の資格として、『法華経』または『金《こん》光明最勝王経《こうみょうさいしょうおうきょう》』の暗誦が義務づけられたので、『法華経』は僧侶にとっての必須の知識となった。その後、天平十三年(七四一)、聖武天皇が国分僧寺・国分尼寺の創建の詔勅を下した。これは、疫病の流行や新羅《しらぎ》との関係悪化という国難を乗り越えるための試みであった。国分僧寺は「金光明《こんこうみようし》四天王護国之寺《てんのうごこくのてら》」と呼ばれ、僧二十名を置いて、『金光明最勝王経』を読誦させ、護国を祈願させた。また、国分尼寺は「法華滅罪之寺《ほつけめつざいのてら》」と呼ばれ、尼十名を置いて、『法華経』を読誦させ、滅罪懺悔を祈願させた。国分尼寺という国家仏教の枠組の中で重視された『法華経』は、経文に直接、護国の思想はないけれども、『金光明最勝王経』『仁王護国般若波羅蜜経《にんのうごこくはんにやはらみつきよう》』とともに、護国三部経典の一つとして権威を与えられていくのである。

法華八講

このように、奈良・平安時代に『法華経』の写経や読誦が流行していたが、これにともなって『法華経』の講経会《こうきようえ》も盛んになっていく。良弁《ろうべん》(六八九―七七三)が天平十八年(七四六)、東大寺羂索院《けんじやくいん》において、鎮護国家のために修したのが、法華会《ほつけえ》の始まりであった。その後、故人の追善のための法華会が盛んになり、勤操《ごんそう》(七五四―八二七)が、延暦十五年(七九六)、大和の石淵寺《いわぶちでら》で、友人の僧栄好《ようごう》の母の追善供養のために、『法華経』八巻(二十八品を八巻に分ける)の講経を行なったのが法華八講《ほつけはつこう》の始まりである。その因縁は仏教説話集『三宝絵《さんぼうえ》』中巻第十八話に次のように記されている。

栄好は老いた母を寺の外で養っていた。自分に支給される食事の一部を少年僧に届けさせて怠りがなかった。ところが、栄好が突然死んでしまったので、少年僧が困っていると、栄好の友人の勤操が少年僧に、栄好の母には栄好の死を知らせないようにと、また自分が代わりにその母を養おうと告げる。母は栄好が訪ねてこなくなったので疑問をもつが、少年僧はいいわけをして栄好の死を隠し続けた。しかし、ある日、勤操が多くの客人を接待し、薬酒を飲んで寝てしまったので、食事を届けるのが遅くなってしまった。母に問いつめられた少年僧は、ついに正直に栄好の死を知らせたのである。老いて体の弱っていた母はショックで他界してしまう。その報告を聞いた勤操は、「もし私が本当の子であったら、こんなことはなかったであろう。私がもし仏の戒めた酒を飲まなかったら、片時も食事を届けることを怠らなかったであろう」と深く反省して、仲間と相談して、四十九日まで毎週、八人で『法華経』八巻を分担して読誦講義し、また毎年の忌日《きにち》にも同様にしようと誓ったのである。

この法華八講は、各寺院、貴族の私邸、神社などで行なわれ、平安時代に最も流行した法華会となった。また、最澄が延暦十七年(七九八)、比叡山の一乗止観院で、『法華経』八巻に、開経の『無量義経』と結経の『観普賢経』の各一巻を加えた十巻を講義したのが、法華十講の始まりである。また、後には『法華経』二十八品に開結二経を加えた法華三十講も行なわれるようになった。

以上は、天皇や貴族、高位の僧侶によって担われた写経、講経であるが、薬師寺僧景戒《きようかい》編『日本霊異記《りよういき》』(『日本国現報善悪霊異記』)を参照すると、庶民階層の『法華経』の写経、誦経などの応験譚《おうげんたん》(仏・菩薩の加護の体験記)が含まれている。『日本霊異記』は弘仁年間(八一〇―八二三)に成立したと推定されている日本最古の仏教説話集であり、上巻三十五条、中巻四十二条、下巻三十九条の百十六条から成るが、条名に『法華経』の名を含むものが計十二条ある。そこには、『法華経』の信仰の功徳と、誹謗の罰が説かれているが、功徳と罰は『法華経』そのものが強調している点でもある。このような庶民階層における『法華経』の流布は、最澄の日本天台宗の開創以降より盛んになり、仏教説話集『日本往生極楽記』(慶滋保胤《よししげのやすたね》編、九八六年頃成立)、『大日本国法華経験記《げんき》』(首楞厳院沙門鎮源《しゆりようごんいんしやもんちんげん》編、一〇〇四年頃成立)、『今昔物語集』(編者未詳、十二世紀中頃の成立)などには、僧侶以外にも、多数の庶民階層の『法華経』信仰の足跡を見ることができる。

3　最澄の日本天台宗の開創

法相宗との対決と大乗戒壇

奈良時代には、鳩摩羅什訳の『妙法蓮華経』をはじめとして他の漢訳、多数の法華経疏も伝わっていた。とくに、鑑真《がんじん》(六八八―七六三)は、天台三大部をはじめとする多数の中国天台宗の文献を日本に将来した。最澄は、中国華厳宗の法蔵《ほうぞう》(六四三―七一四)の著作を通して、中国天台宗の教学に関心をもち、鑑真のもたらした天台関係の文献を研究した後に、八〇四年に中国に渡り、天台宗の道邃《どうずい》、行満《ぎょうまん》から天台学を学んで帰国した。八〇六年には、朝廷に年分度者(各宗派で一年間に出家得度を許された者)二名を認められ、南都六宗(三論宗・成実《じょうじつ》宗・法相《ほっそう》宗・倶舎《くしゃ》宗・華厳《けごん》宗・律宗)と並んで、日本天台宗の独立を勝ち得た。最澄の事績のなかで、特筆すべきことは、法相宗の徳一《とくいち》との三一権実《さんいちごんじつ》論争と、比叡山に大乗の戒壇を建立することをめぐっての南都六宗との論争であった。とくに、徳一との論争は、『法華経』の一仏乗の思想と、法相宗の五性各別《ごしょうかくべつ》の思想(衆生のなかには仏性をもたない者や、声聞、縁覚になることが確定している者がいて、これらの者はどうしても成仏できないという)の論争であり、最澄は天台の一乗真実の立場に立って、仏性の普遍性、一切皆成《いっさいかいじょう》(すべての衆生が成仏するの意)の思想を主張した。

最澄の『法華経』に関連する重要な著作としては、まず『大唐新羅《だいとうしらぎ》諸宗義匠《しょしゅうぎしょう》依憑《えひょう》天台義集《てんだいぎしゅう》』があり、中国、新羅の多くの学匠が天台教学に基づいて、それぞれの仏教理論を形成したことを指摘し、天台宗の優位を主張した。

また、最澄は『法華秀句』を執筆し、一切経の中で、『法華経』が最もすぐれた経典であることを主張し、とくに『法華経』を歴劫《りゃっこう》修行の経（成仏するためには気の遠くなるような長期間の修行を必要とする教え）ではなく、直道頓悟《じきどうとんご》、即身成仏の経（すみやかに成仏できる教え）であるとした。他に、『法華経』の開経《かいきょう》（主たる経の序論に相当）である『無量義経』の注釈である『註無量義経』がある。また、『註法華経』を執筆したとされるが、現存しない。

4　『法華経』と文学

『法華経』の釈教歌

平安時代には、先に紹介した仏教説話集『日本往生極楽記』、『大日本国法華経験記』、『今昔物語集』に見られるような広範な『法華経』信仰の跡が見られる。このような説話集も一種の文学と見れば、それらに対する『法華経』の影響の大きいことは首肯されるはずであるが、さらに女流文学の清少納言『枕草子』(一〇〇〇年頃成立)、紫式部『源氏物語』(一〇〇五年頃成立)などにも、『法華経』、法華八講、天台宗に取材した事がらが説かれている。清少納言や紫式部などの宮廷生活にも『法華経』が大きな影響をもった証拠であると考えられる。

また、直接『法華経』に取材した文学形式としては、釈教歌《しやっきようか》があげられる。釈教歌とは、仏教に関する和歌を広く呼称するものであるが、すでに『拾遺《しゅうい》和歌集』(一〇〇一—一〇〇五年頃成立)に『法華経』を題材とした歌が見られる。また、『拾遺和歌集』とほぼ同時期に、藤原道長が一〇〇二年、姉の東三条院詮子の追善供養のために、『法華経』二十八品を讃歎する歌を友人たちと詠んだ。このような『法華経』二十八品歌は、藤原俊成、西行など多くの人に作られるようになる。また、釈教歌だけの歌集として、選子《せんし》内親王(九六四—一〇三五)『発心和歌集』があり、その半数以上は法華経歌である。

さて、『後拾遺和歌集』(一〇八六年成立)において「神祇」とともに「釈教」という分類項目が見られるようになり、『千載《せんざい》和歌集』(一一八七年成立)においてはじめて「釈教部」が独立した巻として立てられた。以後、勅撰和歌集には「釈教部」が置かれた。たとえば、八代集の釈教歌のおよそ三分の一が『法華経』に関連する歌であるといわれる。

また、今様(七・五字、あるいは八・五字を四句連ねたものが基本的形式の歌)を集めたものに、後白河法皇(一一二七—一一九二)の『梁塵秘抄《りようじんひしよう》』があり、そこには百三十五首の『法華経』

を題材にした法文歌《ほうもんか》が収められている。たとえば、私が『法華経』の中心思想と考えた一仏乗については「法華は仏の真如なり、万法無二の旨を述べ、一乗妙法きく人の仏に成らぬはなかりけり」とあり、久遠の釈尊については「娑羅林に立つ煙《けぶり》、上ると見しは虚目《そらめ》なり、釈迦は常に在《まし》して、霊鷲山にて法《のり》ぞ説く」とあり、地涌の菩薩については「法華経此《こ》の度弘《たびひろ》めむと、仏に申せど許されず、地より出でたる菩薩たち、其の数六万恒沙《ごうしゃ》なり」とある。

このように貴族社会において『法華経』が重視されたのは、天台宗の影響が大きかったことと、『法華経』の万人成仏の思想が貴族層の精神的な救いとなったためであると思われる。

5　日蓮の法華経観

唱題思想と一念三千説

日蓮は、平安時代の『法華経』の持経者の流れを受けながらも、自らを「法華経の行者」と認定し、独自の唱題思想(経典の題目である南無妙法蓮華経を唱えることによって成仏する)を確立した。中国の庶民階層に念仏信仰が広く流布したのに対して、日本の庶民階層においては、念仏信仰ばかりでなく、それに匹敵する勢力として唱題行が流布した事実、また日本の新宗教に圧倒的に『法華経』信仰の多い事実は、この日蓮の唱題思想に基づくものである。たとえば、日本の新宗教全体のなかで会員数の多い教団を順にあげると、創価学会、立正佼成会、生長の家、霊友会であり、神道系の生長の家を除けば、いずれも『法華経』を根本の経典とし、南無妙法蓮華経の題目を唱える、いわゆる法華系新宗教と呼ばれるものである。

この南無妙法蓮華経の題目と本尊(根本として尊敬するものの意で、一般的には仏像などの崇拝対象をいうが、日蓮においては紙に仏・菩薩などの十界の生命体を配列した曼荼羅《まんだら》をいう)が日蓮の宗教思想の眼目である(本門の本尊、本門の題目に本門の戒壇を加えて三大秘法という。日蓮は『法華経』の本門を重視したので、すべてに本門という言葉を冠する)が、日蓮はその題目と本尊の理論的根拠として、一念三千《いちねんさんぜん》説(二四八頁参照)を捉えた。一念三千説とは、我々の一瞬の心に三千世間(二四八頁参照)として示される、生命体の取りうるあらゆる可能性、たとえば地獄・餓鬼・畜生・阿修羅・人・天・声聞・縁覚・菩薩・仏となる可能性を備えるという思想である。日蓮にとっての正統な仏教史の系譜に連なる釈尊の『法華経』、天台智顗《ちぎ》、そして日蓮自身を一本の線でつなぐ重要な思想こそ一念三千説であった。

歴史的には、智顗が初めて『摩訶止観』において一念三千説を説いたのであるが、日蓮は、一念三千そのものは『法華経』に本来説かれていたと解釈し、智顗はそれを拾い出したにすぎないとした。この『法華経』に説かれる一念三千説は衆生の成仏を可能にする原理とされ、その意味で、日蓮によって仏種《ぶっしゅ》(成仏の種子)と表現された。日蓮は一念三千＝仏種とは、末法時代においては南無妙法蓮華経のことであるとした。さらに一念三千は非情成仏《ひじょうじょうぶつ》の原理でもあるとし、その原理に基づいて曼荼羅本尊を確立した。わかりやすくいうと、仏像などの無生物(非情)を仏として聖化することは一般の仏教でも行なわれているが、それが可能であるのは、無生物の成仏を可能にする一念三千を根拠とするからであるという。言い換えれば、仏像という無生物が生きた仏としての力をもつのは、一念三千によるということである。

要するに、日蓮独自の宗教的立場である南無妙法蓮華経の本尊と題目は、『法華経』、智顗以来の一念三千の末法における展開顕現として説明されていることがわかる。もちろん、この場合の一念三千はすでに智顗におけるそれではなく、日蓮の独自の解釈が施された一念三千となっている。

さて、日蓮の『法華経』の受容の特徴を考える場合、どうしてもインドの『法華経』の中心思想を日蓮がどのように受容したかを見なければならない。繰り返しになるが、第一は、一切衆生が平等に成仏できるとする一仏乗の思想、第二は、釈尊が永遠の存在であり、娑婆世界に住む一切衆生の絶対的な救済者であるとする久遠の釈尊の思想、第三は、『法華経』に説かれる地涌の菩薩は釈尊不在の世界における『法華経』の担い手を意味するという思想の三点である。結論を先取りすると、日蓮の思想は、時と処を超えて、『法華経』の三種の中心思想と密接な関係をもっていることに気づく。

日蓮の三種の中心思想の受容

まず、第一に、一切衆生を平等に成仏させることが、釈尊がこの娑婆世界に出現した唯一の重大な目的であるということが、一仏乗の思想である。この思想の中には、衆生が平等に成仏できることと、救済者としての釈尊の存在の重要性との二点が示されていることについても前述した。前者の衆生の平等な成仏は、取り立てていう必要もなく、中国から日本にかけて、『法華経』を読むものの容易に気づく点であった。この万人成仏の思想は、日蓮においては智顗の一念三千説を経由して受容されている。後者の衆生の成仏における釈尊の存在の重視については、日蓮は素直にそのまま受け入れたといえる。智顗は、釈尊と衆生との密接な人格的関係を重視し、下種益《げしゅやく》・熟益《じゅくやく》・脱益《だっちゃく》という三種の利益を示す語で表現した。下種は植物の種子を蒔《ま》き、熟は成熟させ、脱は収穫することを意味する。仏教的な意味としては、下種益は釈尊が衆生とはじめて結縁《けちえん》すること、つまり宗教的絆を結ぶことであり、熟益は衆生の機根を成熟させることであり、脱益は衆生を解脱、成仏させることである。智顗は、化城喩品《けじょうゆほん》に説かれる大通智勝仏の物語が、化導の始まりと終わりを説くものと捉え、釈尊が衆生に与える三種の利益として、下種益・熟益・脱益を考えたのである。

それを引き継ぎながら、日蓮においては、三種の利益は天台教学の比ではないほど強調されている。また、釈尊の存在の重視から生まれた思想として、日蓮の釈尊御領観《ごりようかん》と呼ばれるものがある。つまり、譬喩品《ひゆほん》の「今、此《こ》の三界《さんがい》は皆な是れ我が有《う》なり。其の中の衆生は、悉《ことごと》く是れ吾が子なり。而《しか》して今、此の処は諸もろの患難《げんなん》多し。唯だ我れ一人のみ、能く救護《くご》を為す」に基づいて、娑婆世界は釈尊の領土であり、娑婆世界の衆生と釈尊とは有縁の関係、つまり宗教的に深い絆で結ばれているとするものである。この思想に基づいて、日蓮は浄土教を批判し、西方極楽浄土を領土とする阿弥陀如来と娑婆世界の衆生とは宗教的に無関係であるから、阿弥陀如来に対する信仰は的はずれであり、本師釈尊との関係をないがしろにするものであると指摘している。また、真言宗の法身仏《ほっしんぶつ》としての大日如来に対する日蓮の批判も同じ論理に基づく。これらの他宗批判の根底に、娑婆世界の衆生と釈尊との宗教的絆を重視する日蓮の釈尊観が隠されているのである。

第二に、久遠の釈尊の思想に関連して、日蓮が『法華経』迹門《しゃくもん》(前半十四品)を理の立場、本《ほん》門《もん》(後半十四品)を事の立場として明確に区別し、とくに本門を重視したことをあげなければならない。たとえば、智顗が体系化した一念三千説(第二部・第一章)も、本門が説かれなければ、結局は完成しないと指摘しているし、『観心本尊鈔《かんじんほんぞんしょう》』(一二七三年成立)においても衆生に内在する仏界(仏の境界)を「無始《むし》の古仏《こぶつ》」と、久遠の釈尊にちなんだ名称を用いて説明している。決して、大乗の『涅槃経』に説かれた「仏性《ぶっしょう》」という普遍的、抽象的な内在原理をもち出していない。これ以外にも日蓮の久遠の釈尊に対する熱烈な信仰を彼の遺文の中に見出すことは容易である。

第三に、日蓮は自身を地涌《じゆ》の菩薩として自覚し、末法の世を「法華経の行者」として生きようとした。地涌の菩薩とは、釈尊が涅槃に入った後に『法華経』を担う者であり、「如来の使い」として如来に派遣され、如来の仕事、具体的には、『法華経』の説法による衆生の救済の仕事を実行するとされる。日蓮の法華経観を明らかにするキーワードは、法師品《ほっしほん》に出てくる「如来の使い」という言葉であるといってよい。日蓮の地涌の菩薩としての自覚を表わす言葉であると考えられるからである。日蓮は、『法華経』に説かれる釈尊死後の無仏の時代を、とりもなおさず自分の生きる末法時代と主体的に捉え、自身を六万恒河沙《ごうがしゃ》の地涌の菩薩の指導的立場にある上行《じょうぎょう》菩薩の再誕と考えた。それはとりもなおさず末法時代の衆生の真の救済者であるという自己認識であった。

中国・日本のほとんどの仏教徒は、地涌の菩薩を経典の説く一つの神話的人物として受けとめたようであるが、日蓮は歴史的な世界において実在するものとして捉えた。このように、経典の物語を具体的な実在であるとして受けとめた日蓮は『法華経』に対してあまりに純真で素朴な信仰者ともいえるが、宗教的にはかえって興味深い人格と思想を我々に示してくれた。これは地涌の菩薩の捉え方だけでなく、前述の釈尊御領観、久遠の釈尊に対する捉え方についいても同様に見られることである。

日蓮の法華経観を生み出した情況

日蓮は、このように『法華経』の成立時点における中心思想、とくに従来軽視されがちであった第二、第三の中心思想を重視したのであるが、このことを日蓮に可能にした理由は何であったであろうか。

『法華経』の成立時点において、『法華経』の信仰者は、部派仏教(あるいはその一部)という伝統仏教との厳しい緊張関係にあったことが推定される、と前に述べたが、このことは、日蓮の信仰実践がもたらした、当時の仏教界での彼の孤立無援な立場と通じるものがある。既成の古い権力、体制、思想などを批判して、その改革を主張すれば、いつの時代、どの地域においても、厳しい緊張情況の中に身を投げ出されることは、歴史の教えるところである。日蓮が最も厳しく批判した法然(一一三三—一二一二)自身も、既成の権威・権力からは弾圧されている。日蓮の置かれた孤独な情況は、絶対的な救済者の待望と、自らを地涌の菩薩とする自覚を深めることに影響を与えたものと推定される。

また、日蓮の『法華経』至上主義は、当然のことながら、『法華経』の成立時点における信仰者の、他の経典を眼中に置かない、つまり、『法華経』一経のみによって救済を完成するという主張と、基本的に立場を同じくしているといえる。中国の注釈家たちは、釈尊一代の多数の経典を同じ土俵の上で扱い、相互の有機的関係の発見に腐心するという制約を受けて、『法華経』について学問的、合理的な解釈をした。日蓮はそのような立場とは、大いに趣を異にする。つまり、日蓮の立場は、はからずもインドにおける『法華経』の成立に関わった人々と同じであったのである。

このように見てくると、インドにおいて成立した時点での『法華経』の創作者、担い手の信仰観、宗教性は、中国においては学問的な受容のなかでともすると稀薄化されたのに対し、日蓮の独自の個性的な立場から再び蘇ったといえるのではないであろうか。日蓮自身が『法華経』を頭だけで読むのではなく、『法華経』を色読《しきどく》・身読《しんどく》(体験的に読むこと)したと自信をもったように、また「法華経の行者」の自覚を宣言したように、『法華経』が成立した時点における中心思想を最もよく受けとめ、展開したのは日蓮その人だったと思われる。

第二部　『法華経』の中心思想

第一章　一仏乗の思想——だれでも仏になれる

1　永遠の『法華経』

『法華経』の中の『法華経』

文殊菩薩は、自分は過去世において日月灯明如来《にちがつとうみようにょらい》から『法華経』を聞いたことがあると、序品で語っている。そうすると、日月灯明如来の説いた『法華経』と、釈尊の説く『法華経』とはどのような関係になるのであろうか。

実は、『法華経』の中には、日月灯明如来の『法華経』ばかりでなく、化城喩品には大通智勝仏《だいつうちしようぶつ》の『法華経』、提婆達多品には文殊菩薩が龍宮で説く『法華経』、常不軽菩薩品には威音王仏《いおんのうぶつ》の『法華経』などが出てくる。また、『法華経』を説く時間の長さや分量(偈頌《げじゆ》の数によって経典の長さを表わす)についても想像を絶する数字が出る。たとえば、日月灯明如来は六十小劫《しようこう》(劫はインドの最も長い時間の単位で、小劫は劫をさらに区分した大劫・中劫・小劫の一つ。いずれも想像を絶する長時間で、実数はわからない)の間、その弟子の妙光菩薩は八十小劫の間『法華経』を説き(偈頌の数は記していない)、大通智勝仏は八千劫の間、恒河沙《ごうがしゃ》(ガンジス河の砂の数)の偈を説き、その弟子の十六人の沙弥《しゃみ》は八万四千劫の間『法華経』を説き、威音王仏は二十千万億(二十と一千と一万と一億を乗じた数。億は十万の単位とも千万の単位ともいわれる)の偈を説いた(時間の長さは記していない)とされる。このようにきわめて長時間、膨大な数の偈を説いたとされるのは、仏が自由自在に『法華経』の内容を敷衍して説くことができることを示していると考えられる。では、諸仏に敷衍して説かれる『法華経』とはそもそも何であろうか。

現在、我々が見る鳩摩羅什訳の『法華経』は八巻二十八品である(サンスクリット語の写本では、提婆達多品が品として独立していない二十七品が一般的である)が、『法華経』自身が描く『法華経』はこれよりはるかに大きなスケールのものなのである。また、上記の日月灯明如来、大通智勝仏、威音王仏などの過去仏が共通に『法華経』を説いたということも注目すべきである。これは『法華経』の時間的な永遠性、空間的な普遍性を主張したものと捉えることができる。ここには過去仏として三人の仏しか出ないが、『法華経』の意図を汲めば、過去、現在、未来の三世のあらゆる仏が共通に説く究極の教えが『法華経』と理解されているはずだからである。

そもそも仏はサッダルマ(正法、妙法と漢訳される。パーリ語ではサッダンマ)を悟って、はじめて仏となることができるのであり、そのサッダルマを詳しく説いた経典がサッダルマプンダリーカ・スートラ、すなわち『法華経』とされているのである。少なくとも『法華経』の編纂者たちはそのように考えたので、経典のタイトルにサッダルマを採用したはずである。したがって、あらゆる仏が自分の悟ったサッダルマを説くのであり、その説法が『法華経』として結晶すると理解できる。サッダルマをいかに説くかという問題については、時代情況や聴衆の状態などさまざまな要素に基づいて、多様な説法が可能であるので、上記のように時間や分量の異なるさまざまな『法華経』が説かれたことも不思議ではないはずである。『法華経』自身の中に、ほかならぬ『法華経』を指す言葉があることの趣旨は、以上のように考えることができる。

妙光菩薩の『法華経』の説法

さらに、序品における文殊菩薩の話は、日月灯明如来が『法華経』を説いて涅槃に入った後のことまで及んでいた。その内容は、妙光菩薩が『法華経』を受持して、日月灯明仏の出家前の八人の子に『法華経』を教えたこと、彼らはその後次々と成仏して、その中に過去仏として有名な燃灯《ねんとう》仏(ディーパンカラ・ブッダ)もいたことが説かれていた。燃灯仏は過去二十五仏説

（釈尊の前に二十四人の仏が存在し、釈尊を入れて二十五仏となる）における最古の仏であり、『過去現在因果経《かこげんざいいんがきょう》』などの経典では釈尊に授記した仏と説かれる。また、日月灯明如来という同名の仏が二万仏も続いたということは、この仏の由緒の正しさを示す表現であろう。このような物語によって、燃灯仏よりも古い由緒正しい日月灯明如来によって説かれた『法華経』は、霊鷲山において釈尊がはじめて説くものではなく、かえってはるか遠い過去にすでに説かれたものであることを示し、『法華経』の永遠性を示唆するものであると捉えることができる。

2　釈尊のダンマの悟りと『法華経』

釈尊の宣言

方便品の冒頭において、釈尊は三昧《さんまい》から出て、舎利弗《しゃりほつ》に次のように告げた。

「仏たちの智慧はとても深遠で計量することができず、その智慧（に入る教え）の門は理解することが難しく入ることが難しい。すべての声聞《しょうもん》や縁覚《えんがく》の知ることのできないものである。その理由は何か。仏は百千万億という数えることのできない多くの仏たちに近づき、仏たちの計量することのできない多くの仏道を残りなく修行し、勇ましく強く、熱心に努力して、名声がくまなく広がり、とても深遠で、これまでにないすばらしい法［甚深未曾《じんじんみぞう》有《う》の法」を完成し、相手の都合に合わせて［随宜］説く教えの趣旨は理解することが難しいからである。

舎利弗よ。私は成仏してから、さまざまないわれ、さまざまな譬喩《ひゆ》によって敷衍して教えを説き、数えることのできない多くの巧みな手段によって衆生を導いて執著から離れさせた。その理由は何か。如来は巧みな手段と智慧との完成がどちらも備わっているからである。舎利弗よ。如来は智慧が広く大きく深く遠く、（四種の）無量（心）・（四種の）無礙《むげ》（弁）・（十種の）力《りき》・（四種の）無所畏《むしょい》・（色界の四種の）禅定《ぜんじょう》・（八種の）解脱《げだつ》・（三種の）三昧（の境地）に際限のないほど深く入って、すべてのこれまでにないすばらしい法を完成している。舎利弗よ。如来は多くの法をさまざまに区別して巧みに説き、言葉はものやわらかで、人々の心を喜ばせる。

舎利弗よ。要点を取りあげていうと、計量することもできず、限界も無い多くのこれまでにないすばらしい法［無量無辺の未曾有の法］について、仏はすべて完成した。（これ以上語ることを）止めよう。舎利弗よ。もはや説く必要がない。その理由は何か。仏の完成したものは、最高で、稀有で、理解することが難しい法［第一希有難解《なんげ》の法］であり、ただ仏と仏とだけがはじめて（仏の完成した）多くの法の真実の様相［諸法実相］を認識することができるからである。すなわち、（仏の完成した）多くの法は、このような外面的特徴［如《にょ》是相《ぜそう》」、このような本体「如是体」、このような潜在的な能力「如是力」、このような顕在的な活動「如是作《さ》」、このような原因「如是因」、このような条件「如是縁」、このような結果「如是果」、このような報い「如是報」、このような（外面的特徴から報いまでの）本と末とが究極的に等しいこと「如是本末究竟等《ほんまつくきょうとう》」、という様相をしている」

この冒頭は、古くから「十如是《じゅうにょぜ》」（漢訳では「如是」を十回くりかえしながら法の様相が説かれる）と呼ばれて注目されてきた箇所であるが、その核心は、方便（巧みな手段）を講ずる力をもつ仏の智慧の偉大さをたたえることにあると捉えられる。

要するに、ただ仏だけが「（仏の完成した）多くの法」、つまり仏が過去世において無数の仏たちに近づき、無限の修行を実践して完成した「とても深遠で、これまでにないすばらしい法」（四無量心などの具体的徳目を内容とする仏の智慧）の真実の様相を認識することができることが宣言されている。そして真実の様相を明らかにする範疇として十如是が示されているが、これについては後述の「十如是」の項（一四五頁）を参照されたい。

仏の智慧の超越性

方便品のストーリー展開が、まったく釈尊のダンマの悟り、梵天勧請《ぼんてんかんじょう》、初転法輪《しょてんぽうりん》を下敷きにして構想されていることはすでに述べた（一七頁参照）。

釈尊が菩提樹の下で坐禅瞑想をして悟りを開いたとき、自分の悟った法を説くことを断念して、そのまま涅槃に入ろうとしたが、梵天が現われて釈尊に説法を願ったことも第一部で述べた。また、『サンユッタ・ニカーヤ』の「わたしのさとったこの真理は深遠で、見がたく、難解であり、しずまり、絶妙であり、思考の域を超え、微妙であり、賢者のみよく知るところである」（中村元訳『悪魔との対話』）という文もすでに引用した。ここで「真理」と訳されているパーリ語の原語はダンマであり（サンスクリット語ではダルマ）、「法」と漢訳された。

また、同じく釈尊が悟りを開いたばかりのとき、釈尊は心のなかで、「他人を尊敬することなく、長上に柔順でなく暮らすことは、やり切れないことである」と考えた。しかし、「わたしよりも以上に〈われは解脱したと確かめる自覚〉を達成している人なるものを見ない」ために、「むしろ、わたしは、わたしがさとったこの理法を尊び、敬い、たよって暮らしたらどうだろう」（以上、前掲書、八七―八九頁）と結論を下した。ここの「理法」の原語もダンマである。この釈尊の出した結論に対して、梵天も、過去・現在・未来の三世の諸仏もすべてサッダンマ（ダンマに正しいという形容語を付けたものがサッダンマであり、正法と漢訳される）を尊敬していると言って支持を表明する。

このように、釈尊の根本の悟りについて、原始経典は、ダンマを悟り、ダンマを尊敬することであるとしている。

『法華経』のサンスクリット語のタイトルはくりかえし述べたようにサッダルマプンダリーカ・スートラといい、竺法護は「正法華経」、鳩摩羅什は「妙法蓮華経」と訳した。釈尊の悟りの原点であるサッダンマがそのまま経典のタイトルに用いられている。名は体《たい》を表わすというが、タイトルはたいへん重要である。『法華経』という経典が釈尊のダンマの悟りを何よりも重視していることがわかる。

では、『法華経』の中で、このサッダルマはどのように捉えられているのか。この問題に対する答えは、上の引用文に示されている。仏の智慧＝ダルマの内容として方便品で取り上げている四無量心などの具体的な徳目は、いずれも仏の智慧、能力、瞑想の境地を分類したものである。つまり、ダルマはたんに抽象的、客体的な理法ではなく、仏が修行によって我が身に体得実現する仏の智慧、境地なのである。このダルマの現実性、力動性、主体性という特色は重要であると思う。

『法華経』は、この仏の智慧が仏以外には理解できないと述べて仏の智慧の超越性を一方で強調しながら、仏には智慧＋慈悲としての方便力があるので、『法華経』以前にも仏の智慧を衆生に巧みに説いてきたとし、この仏の智慧を衆生に獲得させること、つまり衆生を成仏させることこそが、釈尊のこの世に出現した唯一の重大な目的であると説く。

3　釈尊の出現の目的――「一大事因縁」

方便品のタイトルの意味

『法華経』の第二品は梵本ではウパーヤカウシャルヤ(ウパーヤにおいて巧みであること)と名づけられている。ウパーヤは、近づくという動詞から作られた名詞で、目的を達成するための巧みな手段という意味である。漢訳で使われる「方便」はおそらく仏教用語の翻訳のために造語された中国語と推定されている。後述するように、真実としての一乗を説く品であるならば、なぜ、品の名として「真実」を採用しなかったのであろうか。少なくとも「方便」より「真実」の方が通りがよいのではないかという疑問が生じるかもしれない。実際に、中国の注釈家のなかには、なぜ実相品(実相は真実の様相の意)と名づけないで、方便品と名づけるのかという問題を提起した者もいた。

しかし、この設問は方便の語義の広がりを見落としたことによる。方便のもつ二つの意味を区別する必要があると思われる。つまり、方便が真実と対比される場合には、方便は真実ではないという意味で用いられるが、智慧と対比される場合は、智慧に基づきながら、衆生に対する大慈悲のゆえに、巧みな手段を講ずることができる力、すなわち方便力を意味する。わかりやすくいえば、方便は智慧＋慈悲という意味になるので、単なる智慧よりも深い意味をもつことができる。『法華経』の第二品が方便品と名づけられたのは、後者の意味を込めて、智慧＋慈悲である仏の方便力をたたえるための命名であったと理解すべきである。

舎利弗の勧請

方便品によれば、釈尊が、仏の体得している法と、それを巧みに説くことのできる仏の方便力とを大いに誇る理由が、四衆《ししゅ》や舎利弗《しゃりほつ》にはわからなかった。とくに、解脱《げだつ》(苦悩から解放されることで、仏教の悟りを意味する。涅槃と同義として用いられる)はただ一種類しかなく、自分たちもその解脱を得たと思い込んでいる者にとっては、仏の体得している法が自分たちの理解を絶していると説かれることには、とても納得がいかなかった。そこで、舎利弗が代表して釈尊に質問し、その理由を説いてくれるように願ったのである。

舎利弗の第一回目の願いに対して、釈尊は説法を拒絶した。その理由は、釈尊が説けば、神々や人々がみな驚き、疑うからであると述べる。これに対して、舎利弗は、ここに集った聴衆はその宗教的能力が優れているので、仏の説法を信じることができると言って、第二回目の願いをしている。この舎利弗の第二の願いに対する仏の拒絶、さらに舎利弗の第三回目の願いが続く。

この舎利弗の三回にわたる願いを見ると、我々はすぐに梵天勧請の説話を思い出す。梵天の場合も三回にわたって釈尊に説法を願い、釈尊は梵天の願いに応えて、改めて世間の人々の宗教的能力を観察し、自分の説法を理解できる優れた者もいることを認識して、説法を決意したのである。梵天の願いに応えて第一の法輪、つまり原始経典が説かれ、舎利弗の願いに応えて第二の法輪、ここでは『法華経』が説かれるという対照を示していると捉えることができる。

五千人の増上慢の退席

舎利弗の三回にわたる願いは舎利弗の真剣な求道心を示したものと受け取られ、釈尊はそれに応えて説法することを宣言した。ところが、五千人もの比丘・比丘尼・優婆塞・優婆夷は重い過去の罪と、まだ悟っていないのに悟ったと思い込む高ぶった心(増上慢《ぞうじょうまん》という)とのために、これから開始される『法華経』の説法を聞かずに退席してしまう。そのとき、釈尊は彼らの退席を制止することなく、彼らが去った後、かえってこのような増上慢の者が去ったことは結構なことであり、純粋な聴衆のみが残ったという。

この五千人の退席は何を意味するのか。『法華経』を聞くためには、まず何よりも増上慢を取り除かなければならないことを示唆しているのであろう。というのは、舎利弗のような阿羅漢は解脱、涅槃をすでに得た、部派仏教の修行の最高位の者である。『法華経』においてこれから説かれるのは、彼らの悟り、彼らの得た涅槃が一時的暫定的な仮のものとするのであるから、それは彼らの自尊心を大いに傷つけると思われる。それに耐えるためには、仏の説法に謙虚に耳を傾けるという態度、つまり信心が何よりも必要であることを示すのである。

これら五千人がその後どのように救済されるのかについては、『法華経』は言及していない（五百弟子受記品において、釈尊は迦葉《かしょう》に対して、『法華経』の集会に不在の声聞も成仏できることを彼らに伝えるよう命じている）。中国天台宗の智顗は『法華経』の後に説かれた大乗の『涅槃経』において救済されたと考えたが、これは直接『法華経』とは関係のない話である。仏教は衆生の救済に関して、誰でも最終的には必ず救われるといううきわめて楽観的な救済観をもっている。仏教には永遠の地獄という考えがないことにも、その楽観性はよく現われている。したがって、この五千人も何らかの仕方で救われるはずであり、彼らを救済からあくまで排除するという考えは毛頭なかったはずである。

なお、この五千人の退席は、提婆達多《だいばだった》が教団の分派活動をおこしたとき、五百人の比丘が行動をともにした事件に基づくという説のあることを紹介しておく。

一大事因縁

方便品で釈尊は、五千人の増上慢の者の退席の後に、いよいよ仏の一大事、仏の唯一の重大な事がら(仕事)を明らかにする。それによれば、仏は唯一の重大な仕事をするために(一大事《いちだいじ》因縁《いんねん》)この世に出現した。その唯一の重大な仕事とは何か。それは衆生に仏知見《ぶっちけん》を開き、示し、悟らせ、仏知見の道に入らせることである。仏知見は仏の智慧の意味と理解してよい。つまり、仏は衆生を成仏させるためにこの世に出現したと明かすのである。このように仏がこの世に出現した本心を明かしたという意味で、『法華経』を仏の「出世《しゅっせ》の本懐《ほんがい》」の経という。

すべての衆生を成仏させるということは、成仏を高すぎる目標だとして断念し、それぞれ阿羅漢、辟支仏《びゃくしぶつ》を最終的な目標としてきた声聞・縁覚も成仏できることを意味する。

この一大事因縁の箇所は、『法華経』の一仏乗の思想を直接表現したものであり、『法華経』のなかで、もっとも重要な宗教的メッセージである。方便品に続く譬喩品第三で、神々がこのメッセージについて、「仏は昔、ヴァーラーナシーではじめて法輪を転じたが、今、ふたたび無上最大の法輪を転じた」とたたえているが、これはヴァーラーナシーのムリガダーヴァ(鹿《ろく》野苑《やおん》)における初転法輪と『法華経』の説法を対比させたものである。釈尊が梵天の勧請を受けいれて、かつての修行仲間である五人の出家者に対してムリガダーヴァで不苦不楽の中道や四諦八正道《したいはっしょうどう》を説いた初転法輪に対して、方便品で一仏乗を説くことを第二の最高の法輪と位置づけたのである。

常不軽菩薩の礼拝行

一仏乗の思想という『法華経』最大の宗教的メッセージは、いわゆる常不軽菩薩の礼拝行に最も生き生きとした形で描写されていると私は考えている。これは常不軽菩薩品第二十に説かれるものであり、「はしがき」や第一部・第二章でも簡単に触れた。ここで改めて紹介したい。

かつて増上慢《ぞうじょうまん》の比丘が勢力をふるっていたある時代に、常不軽《じょうふきょう》という名の出家の菩薩が自分の出会うあらゆる比丘・比丘尼・優婆塞・優婆夷に向かって、彼らを礼拝し、ほめたたえて「我れ深く汝等《なんだち》を敬う。敢えて軽慢《きょうまん》せず。所以《ゆえん》は何《いか》ん。汝等は皆な菩薩の道《どう》を行《ぎょう》じて当《まさ》に仏と作《な》ることを得べければなり」（私は深くあなたたちを尊敬する。軽んじあなどろうとはしません。なぜならば、あなたたちはみな菩薩の修行を実践して、成仏することができるであろうからです）と語りかけていた、と釈尊は説く。

梵本では、常不軽菩薩が人々に語りかけた内容に、「軽蔑いたしません」という否定的表現が用いられているのに対して、鳩摩羅什訳では「敬う」という積極的表現が用いられており、また、鳩摩羅什訳には「礼拝」とあるが、梵本には「礼拝」に対応する梵語がなく、常不軽菩薩はただ上のような言葉を語りかけるだけである。このような相違はあるが、いずれにしろ、この常不軽菩薩の行為は、すべての人間が菩薩の修行を実践すれば必ず仏となることができるという、人間を最も尊厳視した思想を表現している。つまり、すべての人間を未来の仏として平等に尊敬するというのである。この思想と実践は、現代に生きる我々にとっても重要な生き方を示唆してくれると思う。仏としての名、仏国の名など具体的な記述はないが、常不軽菩薩の語りかけは未来の成仏を予言している点で、まさしく授記と呼ぶことができる。

しかし、何の資格も権限もない常不軽菩薩が授記したのに対して、激怒した人たちがいた。燃灯仏《ねんとうぶつ》が釈尊に、釈尊が弥勒に「あなたは自分の次に出現する仏である」と予言したように、授記は一般には仏によってなされるはずのものであるから、彼らの怒りも理由のないことではなかった。彼らは常不軽菩薩を罵《ののし》りながら、「この智慧のない比丘はどこから来たのか。自ら『私はあなたを軽んじない』といい、私たちのために『成仏することができるでしょう』と授記する。私たちはこのような虚偽の授記を用いない」といって激怒した。時には、常不軽菩薩を杖や木で打ち、瓦や石を投げることもあった。しかし、この菩薩は遠くに逃げながらも、またそこで大きな声で、「私はあなたたちを軽んじようとはしません。あなたたちはみな成仏するでしょう」と唱える。このような実践を生涯にわたって続けた常不軽菩薩は臨終のときに、威音王仏が涅槃に入る前に説いた『法華経』の偈が空中から響きわたるのを聞くことができた。彼はそれらをすべて記憶して、六根が清浄となり、さらに自分の寿命を長く延長することができ、広く人々のために『法華経』を説いたとされる。最後に、釈尊はこの常不軽菩薩が過去世の自身の姿であることをうち明けた。

この物語の展開によれば、常不軽菩薩の礼拝行と『法華経』とは直接の関係がないことになる。というのは、常不軽菩薩は臨終のときにはじめて『法華経』を聞いたことになっているからである。しかし、『法華経』の成立の歴史を考えると、初期の『法華経』の信仰者グループの信仰実践の形態は、あらゆる人の成仏を訴える、この常不軽菩薩の礼拝行にほかならなかったのではないかと、私は考えている。この『法華経』信仰者の実践に対する周囲の冷ややかな反応もまた、常不軽菩薩品に描かれるようなものだったのではないであろうか。日蓮は『崇峻《すしゅん》天皇御書《ごしょ》』で、「一代の肝心は法華経、法華経の修行の肝心は不軽品にて候なり。不軽菩薩の人を敬ひしはいかなる事ぞ。教主釈尊の出世の本懐は人の振舞にて候けるぞ」と述べ、『教行証御書』で、「彼(不軽菩薩)は像法、此(日蓮)は濁悪の末法。彼は初随喜《しょずいき》の行者、此は名字《みょうじ》の凡夫。彼は二十四字の下種、此は唯五字也。得道の時節異りと雖も、成仏の所詮は全体是れ同じかるべし」と述べ、常不軽菩薩の語りかけた二十四文字(「我深敬汝等。不敢軽慢。所以者何。汝等皆行菩薩道、当得作仏」)と「妙法蓮華経」の五字とを類比対照させたが、これは常不軽菩薩の授記の実践こそが『法華経』の核心であることを洞察したからではないか。

なお、宮沢賢治の「雨ニモマケズ」がこの常不軽菩薩の実践に着想を得たものであることは「はしがき」でも触れた。詩壇では、この詩の文学的価値に関する議論がかつてあったが、そのような議論は賢治が生きていれば、きっとむなしいものと映ったであろう。なぜならば、この詩は文学としてではなく、賢治の誓願文として読むことができるからだ。つまり、自分も常不軽菩薩のように生きたいという誓いの言葉として読むとき、我々は賢治の本当の心により近づいたということができるのではないか。

さて、この常不軽菩薩の礼拝行が中国や日本でどのように受けとめられ、宗教的実践と結びつけられてきたかを、以下少し見てみよう。

慧思の妙法の解釈

中国においてはじめて末法思想を唱えた人が、智顗《ちぎ》の師、慧思《えし》である。この時代は魏晋南北朝《ぎしんなんぼくちょう》(二二〇―五八九)の末期であり、戦乱の続く時代情況のなかで、新しい仏教を目指した僧たちの一人が慧思であった。彼はその新しい仏教思想と他の僧に対する厳しい批判によって、敵対する僧たちから何度か毒殺されそうになったり、餓死させられそうになったりするなどの迫害を受けて、独特の忍辱《にんにく》(忍耐)の思想を形成した。それは、強情で邪悪な者に対しては徹底的に戦うという、いわば能動的な忍辱の思想である。その思想は『法華経安楽行義』に示されているが、その冒頭には、『法華経』とは、大乗のにわかに悟るもの、師がなくて自分で悟るもの、速やかに仏道を完成するもの、すべての世間において信じることの困難な法門である。総じてすべての新しく学びはじめた菩薩が、大乗の、(他の)すべての菩薩を越えて速やかに仏道を完成することを求めようとするならば、戒《かい》を保持し、忍耐し、精進し、熱心に禅定を修め、心を集中して熱心に法華三昧を学び、すべての衆生を観察して、みな仏のように思い、世尊を尊敬するように合掌し、礼拝し、またすべての衆生を観察してみな偉大な菩薩・善知識のように思う必要がある」(『大正新脩大蔵経』第四六巻・六九七頁下段)とある。

この引用文の後で、衆生を仏のように思って合掌礼拝するということは常不軽菩薩品に説かれる考えである、と指摘する記述がある。これは明らかに常不軽菩薩の礼拝行を踏まえたものである。慧思は、「妙法」の「法」を衆生のこと、「妙」を六根清浄のことと解釈し、衆生が本来仏であるという「妙法」の実践的意義を明らかにしているという点で、常不軽菩薩の礼拝行の思想と共通性をもっているといえる。

三階教の普敬

中国梁代から隋代にかけて活動した信行《しんぎょう》(五四〇―五九四)は、末法時代に即応する新しい仏教として三階教《さんがいきょう》を創始した。正法《しょうぼう》(第一階)、像法《ぞうぼう》(第二階)、末法《まっぽう》(第三階)の各時代に広まるべき仏教をそれぞれ一乗、三乗、普法と定め、時代でいうと末法第三階は、場所は穢土、衆生は破《は》戒邪見《かいじゃけん》の凡夫であるから、それにふさわしく仏教のなかに優劣の差別を設けず、すべての法、すべての仏を敬わなければならないと説いた。

信行は、常不軽菩薩の礼拝行を自己の信仰実践に取り入れた。三階教には、「普敬《ふきょう》」と「認《にん》悪《あく》」というワンセットの修行が説かれる。自己の悪を厳しく批判する「認悪」に対して、自己以外のすべての人の善を尊敬することが「普敬」である。この「普敬」が常不軽菩薩の礼拝行に相当する。浄影寺慧遠、智顗、吉蔵も常不軽菩薩の礼拝行に言及するが、それは仏性という用語が実際には出ない『法華経』にも原理的には『涅槃経』と同様に仏性が説かれていることを証明する根拠としてだけであるのに対して、信行の場合は、自らの信仰実践の「普敬」の中に積極的に取り込んだ点は、大変興味深いものがある。

慶政『閑居友』の老僧の実践

ひるがえって日本ではどうか。日蓮が常不軽菩薩を法華経の行者のモデルとして捉えたことには触れたので、ここでは、慶政（一一八九―一二六八。天台宗の寺門派の僧で、九条道家の兄）の編集になる『閑居友《かんきょのとも》』を取りあげてみよう。上巻第九「あづまの方に不軽拝みける老僧の事」には、東国の汚れたみすぼらしい老僧が出会う人ごとに、常不軽菩薩の言葉を語りかけて礼拝する話を紹介し、この老僧の行為に慶政が深く感動したことを述べている。また、日本では、七月十四日に常不軽菩薩の礼拝行を行なう習慣があるが、これは釈尊が過去世に常不軽菩薩として行なった修行であるから、時期を限定せずに常に行なうべきものであると、慶政は提案している。実際、藤原定家(一一六二―一二四一)の日記『明月記』には、複数の年の七月十四日に彼自らが街頭で不軽の行を行なったり、他の人に代行させたりしたことが記されていて、慶政の記事を証拠立てている。

さらに、『閑居友』には礼拝行の先駆者として、証如聖《しょうにょひじり》(摂津の人。七八一―八六七)と玄常上《げんじょう》人(平安時代の天台僧)を紹介している。さらに慶政は、常不軽菩薩の実践の意義について、「総じてこの軽んじないという事がらの心は、衆生の胸の底に仏性が存在しているのを拝み申し上げるのである。我らのような惑いの凡夫は、この道理を知らないけれども、悟りの前では、どのような蟻や螻蛄《けら》までも見下すべきものはなく、仏性を備えている。地獄・餓鬼までもみな仏性のないものは一人もいないので、この道理を知ってしまえば、賤しい鳥や獣までも尊くないことはない」(私訳)と述べ、玄常上人が鳥獣にまで腰をかがめた先例は、この動物までも仏性を有するという考えに基づいたものであろうと推定している。

また、万人に仏性のあることを知れば、人を憎んだり嘲ったりすることなども自然となくなると述べて、仏性の思想の役割を指摘している。そして、中国の傅《ふ》大士(四九七―五六九。傅翕《ふきゅう》。善慧と号す)が「夜な夜なは仏を抱きて眠り、朝な朝なは仏と共に起く」と説いた言葉は頼りにできて心強いと感想を述べている。傅大士は在家の仏教徒であったが、高い境涯を実現した人で、智顗に対する思想的な影響も指摘され、また弥勒菩薩の化身ともたたえられた人物である。

『涅槃経』の仏性説との比較

インドにおいて、四世紀頃に成立したと推定される大乗の『涅槃経』は、「一切衆生に、悉《ことごと》く仏性有り」と主張した。つまり、すべての衆生に内在する仏性によって、衆生の成仏を根拠づけたのである。ところが、それ以前に成立した『法華経』の場合は、すべての衆生の平等な成仏の根拠として、「釈尊が自分たちを成仏させるために、この娑婆世界に出現してくれた。それが釈尊の唯一の重大な仕事である」という形の主張をしたのである。

この主張の中には、衆生が平等に成仏できるという点と、救済者としての釈尊の存在を重要視するという点との二点が示されている。一般には、前者の衆生の平等な成仏の思想が強調され、後者の釈尊の存在の重視は見過ごされる傾向が強い。ただし、釈尊の存在の重視は、すでに述べた智顗の下種益・熟益・脱益の三益の理論にはよく捉えられている。

このように見てくれば、『法華経』の救済論は、『涅槃経』の仏性説に比べて未成熟な思想表現であるのではなく、かえって、釈尊と自己との遠い過去からの深い絆に焦点を合わせるという点で、深い宗教性をもち、初期大乗経典に広く見られる、新しい仏・菩薩の出現に対する熱い待望を表現したものといえよう。このように、自分たちの成仏にとって、不可欠な存在である釈尊という存在に着目することによって、ここまで述べた一仏乗の思想と並んで『法華経』

の中心思想と捉えられる如来寿量品の久遠の釈尊の思想が生まれるようになったのではないであろうか。久遠の釈尊の思想については次章に詳しく述べる。

4　三乗方便・一乗真実と中国仏教に対する影響

三乗方便・一乗真実(開三顕一)

第一部・第二章でもふれたが、すべての衆生を平等に成仏させることが釈尊の出世の本懐であるならば、これまで釈尊は阿羅漢《あらかん》、辟支仏《びゃくしぶつ》となることを最終的な目標とする教えである声聞乗《しょうもんじょう》、縁覚《えんがく》乗をなぜ説いたのかという問題が新たに生じる。この二つに菩薩乗を加えた三乗の内容については、その箇所で詳しく述べた。即ち『法華経』方便品第二において釈尊は、『法華経』以前には、声聞、縁覚、菩薩という三種類の修行者の類型に対して、それぞれに適した三種類の教えと修行(順に四諦《したい》、十二因縁《じゅうにいんねん》、六波羅蜜《ろくはらみつ》)を説き、それによって達成される理想にも三種類があるとしてきたが、これは方便の教えであったという秘密を打ち明ける。しかし、このことは『法華経』以前には、あくまで声聞や縁覚にとっては秘密のことであり、彼らは彼らに与えられた教えを真実とばかり思い込んでいた。この『法華経』においてはじめて、釈尊は三乗が存在すると説くことは方便であったことを明かすのである。つまり、釈尊は、声聞や縁覚は志が劣っており、初めから成仏できるという教え(仏乗)を説くことができなかったので、声聞や縁覚の宗教的能力に合わせて、声聞乗、縁覚乗という低い教えによって彼らを成熟させ、教育したのだと告げる。

すなわち、声聞乗、縁覚乗は一時的暫定的な仮の教えであり、声聞、縁覚も永久に変化しない固定的なあり方ではなく、十分に成熟、教育された時には、彼らも最終的には菩薩として成仏することができると説かれる。『法華経』では、このようにすべての人が等しく成仏することのできる教えを仏乗と呼び、『法華経』自身を指している。また、真実にはただ一つの仏乗しか存在しないという意味で、これを一乗という語で表わす。仏乗と一乗を結合して、一仏乗という用語も使われている。これが三乗方便・一乗真実の思想である。中国の術語では開三顕《かいさんけん》一《いち》ということは前に述べた。

要するに、方便品において最も重要な事がらは釈尊の存在理由、すなわち「一大事因縁」を明らかにすることであり、その論理的帰結として、三乗方便・一乗真実という主張が導かれるのである。

中国におけるインド仏教経典の受容

この『法華経』の開三顕一は中国仏教の展開に大きな影響を与えた。中国に仏教が伝来したのは、遅くとも西暦紀元前後頃と推定され、経典の漢訳が開始されたのは、二世紀半ばであった。この最初の漢訳の事情が中国仏教の性格の一面を決定づけた。二世紀半ばという時代は、釈尊の死からおよそ五百年ほど経過した時代である。第一部・第一章で述べたように、この期間に、インドの仏教は著しい変貌を遂げ、また遂げつつあった。くりかえしになるが、釈尊の死後、百年から二百年ほどして、仏教教団が上座部と大衆部に分裂し、その後、さらに分裂を続け、紀元前一世紀頃までには、約二十ほどの部派に分かれていたことが知られている。そして、それらの部派の分裂情況に、大乗仏教の出現というより大きな変化がもたらされた。大乗仏教は従来の伝統的教団に小乗(ヒーナヤーナ。劣った教え)という批判的な呼び名を与え、自らをマハーヤーナ(大乗。偉大な教え)と呼び、自己の優越を誇った。このような伝統仏教と新しい大乗仏教との対立的情況は時代とともに緩和されていく傾向にあったと推定されるが、伝統仏教は釈尊の教えを伝承し、大乗仏教の側では多くの大乗経典を創作し続けていった。

ところが、仏典の最初の漢訳者である安世高《あんせいこう》(およそ二世紀)は原始仏教系の経典を漢訳し、支婁迦讖《しるかせん》は大乗仏教系の経典を漢訳したのであった。彼らは中国人にインド仏教の歴史的発展に関する知識を与えたであろうか。おそらくそのような知識が正確に伝えられることなく、多くの大乗経典、原始経典が混然と中国に受容されたはずである。インドや西域出身の翻訳僧たちは、すでにインド仏教の歴史的発展について正しい認識をもっていなかったのかもしれない。

彼らも近世までの日本人と同様、インド仏教史に関する客観的な歴史資料をもっていなかったからである。我々自身がインド仏教の歴史を知ることができるようになったのが、わずかこの百年ほどのことであるのを考えると、時代、地域が当時のインド仏教の情況にいくら近接していても、なにぶん古代のことであるから、正確な知識をもつことは困難であったろうし、仮に正確な知識をもっていた人がいても、そのような人の声が中国に正確に届いたかどうか、またそれを正しく聞く用意があったかどうかも疑問である。

このように、中国においては、インド仏教史の歴史的発展に関する正確な情報がなかったことと合わせて、多くの大乗経典と原始経典が、その冒頭に「如是我聞《にょぜがもん》」(是の如く我れ聞きき)という言葉を置いたことから、インドから伝わったすべての経典は一部の例外(大乗の『涅槃経』が仏説ではなく、魔説であると非難されたという記録がある)を除いて、釈尊が直接説いたものとして受容されたのである。

経典の整理統合の必要

歴史的事実として、あるいは対立しつつ、あるいは信仰の内実を異にしつつ成立していったインドの経典がすべて釈尊の説いたものと見なされたのであるから、中国において経典の研究が進むにつれて、経典間に横たわる思想の相違、矛盾対立が浮き彫りになってくると、釈尊を多重人格的説教者と考えない以上、それらの思想の相違、矛盾対立をとうてい放置することができなくなったのは当然のなりゆきであった。

そこで、多くの経典のなかで、釈尊の最も中心的な思想は何であるか、またその中心的な思想と相違する、はなはだしい場合には矛盾対立する思想は何故に説かれなければならなかったのか、というような諸問題に答える思想的な営みが要請されることになった。これはたんに思想的な営みであるだけではなく、中国人仏教徒にとっては、増え続ける多くの経典の中から、釈尊の思想の真実、核心を探求するという、きわめて宗教的、求道的な営みでもあったことを忘れてはならない。

このような営みを改めて定義すると、釈尊の説いたとされる多くの経典を何らかの基準に基づいて整理統合することであり、これを教相判釈《きょうそうはんじゃく》、あるいは教判という。これらの用語は、いずれも和製漢語であり、中国では、かつて判教、釈教相などとさまざまに呼ばれた。中国において発達した教判は、インドにおいては本来、歴史という縦の時間軸に沿って成立した異なる思想を、釈尊という個人の一生涯の内部において整理しようと試みたものであった。

この教判は、中国において発展したばかりでなく、日本においても発展し、立教開宗、つまり新しい宗派の成立には必要不可欠なものと見なされていった。というのは、新しい宗派を開くということは、従来の宗派が重要な教えと見なしてきた教えを批判して、さらに重要な教えを新たに発見し、提示することである。そして、新たに重要なものとして選び取られた教えが他の教えに比べて、なぜ重要であるかについて理論的に説明することが必要となる。この理論的作業が教判そのものの形成と見なされる。

中国の教判思想

この教判思想は五世紀、主だった大乗経典が漢訳された頃から盛んになった。そのなかで南北朝時代にとくに南地において有力であった慧《え》観《かん》（生没年未詳。鳩摩羅什の弟子）の頓漸五時教判《とんぜんごじきょうはん》を、教判の具体例の一つとして紹介したいと思う。

まず仏の教えには大きく分けると頓教と漸教との二種類があり、前者は釈尊の悟りをダイレクトに説いた『華厳経』を指す。後者は仏が鹿野苑《ろくやおん》で説法してから涅槃に入るまで、浅い教えからしだいに深い教えへと説き進めたもので、『阿含経』などの小乗仏教を指す三乗別教（声聞には四諦が説かれ、縁覚には十二因縁が説かれ、菩薩には六波羅蜜が説かれるように、修行の因も、それによって得られる果も互いに別であるとする教え）、『大品般若経』を指す三乗通教（三乗の人に共通な教え）、『維摩経』『思益梵天所問経《しやくぼんてんしょもんぎょう》』を指す抑揚《よくよう》教（小乗を抑圧し、大乗を宣揚する教え）、『法華経』を指す同帰《どうき》教（三乗の人の区別なく、すべてが成仏という一果に同じく帰着する教え）、『涅槃経』を指す常住《じょうじゅう》教（仏の永遠性を説く教え）の五種の教えに分類される。

この教判の特徴は、頓教として『華厳経』を別格の高い地位に置いたこと、釈尊の一代の説法は時間的に秩序づけられ、浅い教えから深い教えへと段階的に説き進められたと捉えたこと、そしてその原理の論理的な帰結として、『涅槃経』が漸教中最高の地位に置かれたことなどである。したがって、『法華経』は『華厳経』と『涅槃経』の二経の下位に置かれたことになる。

また、漸教の中の三乗別教、三乗通教、同帰教は『法華経』の方便品に説かれる三乗方便・一乗真実の思想に基づいて考案されたことは見やすい事実である。『法華経』自身が、釈尊一代の教化を三乗から一乗へと説き進められたものと述べているので、中国の教判を作った人たちは『法華経』を基準に教判を形成した。三乗から一乗へという図式だけでは十分に釈尊一代の教化を整理しきれないときには、彼らは信解品《しんげほん》の長者窮子《ちょうじゃぐうじ》の譬喩(一九九頁参照)などを手がかりに、より詳しい整理を試みた。つまり、『法華経』は中国の教判思想の形成に大きな影響を与えたといえる。言い換えれば、『法華経』の一仏乗の思想の中国的受容の特色は、教判形成の基準として受容されたことであった。

5　『法華経』と天台教学

諸法実相

先に紹介した方便品の冒頭の文、「ただ仏と仏とだけがはじめて（仏の完成した）多くの法の真実の様相を認識することができる」（漢訳からの現代語訳）という文は、漢訳では「唯だ仏と仏とのみ乃《すなわ》ち能《よ》く諸法の実相を究尽《くじん》す」（漢訳の訓読）と訳され、有名な箇所である。ところが、梵本と対照すると、実相に相当する原語が梵本には出ていないことに気づく。訳者の鳩摩羅什が補ったと推定されている。この箇所は、中国・日本の天台宗、日本の日蓮宗に大きな思想的影響を与えたものなので、実相の原語がサンスクリット本にないことは、日本の仏教学者の間で大きな問題となった。

この問題に関して、私は、実相があってもなくても意味に相違はないと考えている。たとえば、「私はAさんを知っている」ということと、「私はAさんの真実の姿を知っている」ということとが同じ内容を意味しうるからである。「私はAさんを知っている」という場合も、Aさんについての誤った情報にだまされていることを意味しているのでは毛頭なく、あくまでAさんの真実の姿を知っていることを意味しているからである。したがって、仏が「諸法」を知っているということと、「諸法の実相」を知っていることとは実質的に同じであると考えてよいであろう。もちろん、「実相」という表現が文章の意味をより明瞭にし、さらに力強さを与える長所をもつので、鳩摩羅什も補ったのであろう。

「諸法」の意味については、従来「存在するもの」「現象」「あらゆるものごと」などと理解されてきた。そもそもインド思想、仏教における「法」(ダルマ)は多くの意味をもつが、「存在するもの」などの意味は仏教に特有なものと捉えられるもので、物質的存在(色法)や精神的存在(心法。煩悩、智慧など)を包括する現象界(一切法)の意味である。

これに対して、仏に特有な十八種のすぐれた性質を意味する「十八不共仏法《じゅうはちふぐうぶっぽう》」(十力《じゅうりき》・四無《しむ》畏《い》・三念住《さんねんじゅう》・大悲《だいひ》)における「法」の意味に注目しておきたい。これは「特性」「性質」という意味で、保持するという意味の動詞から派生したダルマの意味としては原義に近い用法である。私はこの「特性」の意味を、方便品の冒頭に頻出する「法」に読み取り、「諸法」(梵本ではあらゆるダルマ)は如来たちが無数の仏のもとでの長い間の修行によって身につけ、知った如来たちの「特性」という意味であり、その内実は方便品の偈頌《げじゅ》に出る「仏の知」(梵本ではブッダ・ジュニャーナ、漢訳では仏智、仏知)、仏という「修行の結果」(梵本ではブッダ・プハラ、漢訳では仏果)という概念と共通であると考えている。

十如是

次に、本章第2節でも触れた十如是《じゅうにょぜ》について、梵本にはこれに完全に対応するものがなく、五つの間接疑問文になっていることも解釈上の大きな問題となった。梵本には、「あらゆる法を、シャーリプトラよ、如来こそが説き示し、あらゆる法を如来のみが知る。それらの法は何であるか、それらの法はどのようなものか、それらの法はどのような様態か、それらの法はどのような特徴があるか、それらの法はどのような本質があるか。すなわち、それらの法が何であり、どのようなものか、どのような様態か、どのような特徴があるか、どのような本質があるかという、これらの法について、如来だけが知覚でき、明瞭に知る」とある。

この文の意味は、(仏の身につけている)あらゆる法の内容について仏だけが知っているということである。十如是に相当する部分は、何であるか、どのようなものか、どのような様態か、どのような特徴があるか、どのような本質があるか、となっており、ほとんど類義語を列挙しただけである。これは仏典が本来、読むよりも聞くことを前提としているための表現上の特徴であり、耳で聞いてよく理解できるように、また内容を強調するために、類似した言葉をくどいくらいに羅列したものである。

このように、この箇所は、仏だけが仏の身につけている法の内容を知っているという趣旨であるので、五つの類義語を五つの独立した範疇と理解することには無理がある。しかし、漢訳にあたって鳩摩羅什が十如是としたのは、法の範疇をより明確にする意図で、『大智度論《だいちどろん》』（龍樹作と伝えられる『大品般若経』の注釈書）を参考として補ったのだと、私は考えている。もっとも鳩摩羅什に十如是の「十」という意識があったとは限らない。というのは、鳩摩羅什の『法華経』の翻訳の席に列なり、彼の講義を聞いた竺道生は『妙法蓮花経疏』で、「十一事縁」（十一の事がら）と解釈しているからである。道生は「本」と「末」を分けて二つに数えている。ただし、十は満数でおさまりの良い数であることも確かである。資料としては、「十如」という整理の仕方は智顗の師である慧思によってなされたことが知られている。

さて、鳩摩羅什が五つの範疇を十の範疇にした妥当性について考えてみよう。「私はAさんを知っている」というとき、本当に知っているかどうかを示すためには、Aさんの国籍、性別、年齢、出身地、家族構成、職業、収入、性格、特技、学歴、生い立ち、などの具体的な項目についての知識を提示しなければならない。それらの項目はより完備したものでなければならない。これと同様に、仏が仏の身につけている法を本当に知っていることを示すためには、より完備した項目を提示することが有効であると考えて、鳩摩羅什はいくつかの範疇を補い追加して漢訳したのであろう。

また、梵本では五つの間接疑問文になっていたが、鳩摩羅什の漢訳でも「如是」（このような）という形容語がついているだけで、仏の身につけている法の相が何であり、性が何であり、体が何であるかについてはまったく説かれていないことに注意する必要がある。「このような」というだけで、どのようなものかは具体的には説いていない。仏の身につけている法は、仏だけにしか認識できないものと捉えられているので、言葉によって説くことがそもそも不可能であるとされたからであろう。結果的には、仏の身につけている法の相・性・体……は「かくかくしかじかである」というにとどまっている。

仏だけが「諸法の実相」を認識することができるということに基づいて、「諸法の実相」を認識することが仏道の究極的課題であり、それができれば成仏すると解釈される可能性は十分にあった。しかし、その「諸法の実相」の内実については、少なくとも『法華経』の表面には説かれていない。そこで、智顗は独自に「諸法の実相」の内実を考究し、それを、以下に述べる円融三諦《えんゆうさんたい》や一念三千説《いちねんさんぜんせつ》として表現したのである。

円融三諦・一念三千説

智顗は、方便品の「諸法実相」の句を解釈して、諸法を地獄・餓鬼・畜生・阿修羅・人・天・声聞・縁覚・菩薩・仏の十法界(略して十界)と解釈し、実相を空諦《くう》・仮諦《け》・中諦《ちゅう》の三諦が円融していることとした。空諦とは、諸法は有《う》(永遠不変に実在する固定的実体)ではなく、固定的実体が無いという真理である。仮諦とは、固定的実体は無いが、諸法は諸原因・条件に依存して仮の存在として成立しているという真理である。中諦(中道諦)とは、諸法は空と仮のどちらか一方に偏せず、両者を高次元で正しく統合したものであるという真理である。諸法の真実の様相は、これら三つの真理がばらばらではなく渾然一体となって融合しているのであると智顗は捉えた。これを三諦円融、または円融三諦という。

また、智顗は十如是を基盤として一念三千説を形成した。この一念三千説は、『摩訶止観《まかしかん》』において説かれた理論であり、諸法の真実の様相とは何かという問題意識の下で、諸法といってもあまりに広大、漠然としているので、諸法の中から自己自身の一瞬の心に的を絞って、その真実の様相を三千世間として明らかにしたものである。少し説明を加えよう。

一念三千説とは、端的にいえば、我々の一瞬の心(一念)に三千世間を備えるという思想である。一念は地獄から仏までの十法界のいずれかに所属しており、いずれの法界もそれぞれ十如是のあり方を取っているという共通基盤を有しているので、互いに他の九界を自己のうちに備えている(十界互具《じっかいごぐ》)という。智顗においては、十如是は一念が存在するときのカテゴリーとして理解され、たとえば地獄と仏も同じ十如是を備えている点で互換性をもっていると捉えられた。そこで、地獄界の内にも仏界などの九界(地獄界自身をも数えると十界)が備わり、逆に仏界の内にも地獄界などの九界が備わると考えられた。

また、この十界が具体的な存在性をもつためには、色・受・想・行・識の五陰《ごおん》(前出四〇頁)

と、五陰が仮に和合して構成される衆生、そして衆生の環境世界としての国土の三世間がなければならない。つまり、十法界の一々の界がそれぞれ十法界を具して百法界となる。さらに、一界が三世間と十如是を乗じた三十種の世間を備えているので、全体で三千種の世間となる。すなわち、我々迷いの衆生の一瞬の心に三千種の世間を備えると説くのが一念三千である。

十界互具は、「一切衆生に悉《ことごと》く仏性有り」と説く『涅槃経』よりも、より深く衆生の心を探求し、より体系的、構造的に衆生の心の重層性、さらに衆生の成仏の可能性を説明している。また、如来には実際の悪の行為(修悪《しゅあく》)はないが、本性としての悪(性悪《しょうあく》)を備えているという如来性悪思想の根拠にもなり、地獄の衆生に対する仏の救済行が可能になる根拠を示している。つまり、如来は性悪を備えているがゆえに、地獄界の悪に汚染されることなく、自由自在に地獄界の衆生を救済できるとされる。また、仏教における世界は地獄界から仏界までの十種の世界だけであり、このあらゆる世界が自己の一瞬の心に収まるということは、我々の無限の可能性、とくに成仏の可能性を説いたものである。一即多《いちそくた》、多即一という世界観の実践的な意義も、我々の無限の可能性を指摘した点にあると思われる。

6 悪人成仏・女人成仏

『法華経』の一仏乗の思想は、すべての衆生が平等に成仏できるとする思想である。そこにはどんな例外もないはずである。しかし、『法華経』成立以前の仏教史においては、釈尊に敵対した提婆達多《だいばだった》(デーヴァダッタ)は、ちょうどイエスを裏切ったユダのごとく嫌われ、生きながら地獄に落ちたと非難された。また女性は成仏できないと説かれてきた。『法華経』の提婆達多品には、一仏乗の思想に基づいて、具体的に提婆達多とサーガラ龍王の娘(龍女)の成仏を説いている。

提婆達多は過去世における釈尊の先生

釈尊は提婆達多品において、自身の過去世について物語る。かつて、釈尊が国王としての生を受けたときに、『法華経』を求め、そのために国王の位を捨てた。そのとき、『法華経』を知っている仙人がいて、もし自分に背くことなく仕《つか》えれば、『法華経』を教えようといった。そこで釈尊は献身的にその仙人に仕えた。

日本の『拾遺和歌集』に、大僧正行基《ぎょうき》の歌として収められている「法華経をわがえし事は薪こり菜《な》つみ水くみつかえてぞえし」は、まさしく国王が仙人に、薪を取ったり、菜を摘んだり、水を汲んだりして仕えたと説く提婆達多品に取材したものである。

釈尊はその過去世の物語のあと、そのときの王が釈尊自身であり、仙人が提婆達多であったと告げる。ということは、提婆達多は釈尊に『法華経』を教えてくれた大恩人であるということになる。釈尊も、提婆達多という善知識《ぜんちしき》(仏教を教えてくれる良き友人)がいたからこそ、成仏することができ、また広く衆生を救済できることを述べている。そして、釈尊は提婆達多が未来に成仏することを予言する(授記)のである。

歴史上の提婆達多

提婆達多は阿難《あなん》の兄弟で、釈尊の従弟にあたる。釈尊の晩年に教団の改革を唱え、釈尊から拒絶されて分派独立したといわれる。提婆達多は教団改革のために、次のような具体的な提案を行なった。資料によって内容が異なるが、ある資料によれば、乳酪を食べないこと・魚肉を食べないこと・塩を食べないこと・長布を用いること・村舎に住することである。別な資料では、糞掃衣《ふんぞうえ》を着ること・信者の食事の招待を受けないで常に乞食《こつじき》すること・一日一食だけにすること・露地に坐すこと(屋根のついた家に寝ないこと)・肉を食べないことである。要するに出家者の守るべき律の規定をより禁欲的にしたものを求めたものであり、この提案自体が悪いわけではないが、釈尊は快楽主義、苦行主義の両極端を離れた中道の立場から、すべての出家者に一律にこのような厳格な規則を適用することを拒んだ。

そこで、提婆達多は釈尊の教団から離れ、分派独立したので、仏教教団からは異端として厳しく批判された。提婆達多にまつわる話はどこまでが史実で、どこからが正統をもって任ずる仏教教団が組織防衛のために作り上げた伝説なのか確かなことはよくわからない。伝説によれば、提婆達多は阿羅漢を殺し、仏の身より血を出し、平和な仏教教団(和合僧《わごうそう》)を破るという三逆罪を犯したといわれる。具体的には、蓮華色《れんげしき》比丘尼を殴殺《おうさつ》したり、崖から大きな岩を釈尊めがけて落して殺そうとしたが、岩が砕けて小石になり、それが釈尊の足の指を傷つけて出血させたり、酔象に釈尊を踏みつぶさせようとしたりした。また、自分の爪に猛毒を塗り、機会を見つけて、その爪で釈尊を傷つけて毒殺しようとした。ところが、提婆達多の指に傷があったために、かえって自分に毒がまわって絶命したとされる。また、提婆達多の釈尊への恨みの由来するところとして、釈尊の妻ヤショーダラーをめぐって恋敵だったことが指摘される。これらの話の中にはかなり怪しいものも含まれているが、確かな事実もあったはずである。今となっては、個々の伝説の真偽を決定することはできない。

提婆達多品には案に相違して、このような大悪人であることはまったく記されていない。中国・日本では、『法華経』は悪人成仏を説くといわれたが、それは提婆達多が悪人であるという固定観念に基づく。大悪人の提婆達多でさえ『法華経』によって救済されるという解釈である。しかし、『法華経』では、提婆達多の前身は釈尊の師であったという、上に紹介した提婆達多をめぐる話からはまったく想像もできない過去の因縁話が語られているのである。提婆達多が悪人であることは当時周知の事実であったから、あえて触れなかったのであろうか。実は、法顕《ほっけん》の『法顕伝』(『仏国記』)や玄奘の『大唐西域記』には提婆達多を崇拝する信仰者集団が、当時、つまり、五世紀と七世紀のインドに存在したことを報告している。もしこれが真実であるならば、千年の長きにわたって提婆達多の分派したグループは存在し続けたのであろうか。学者の中には、この提婆達多を信奉するグループと『法華経』の信仰者グループとの近しい関係を想像するものもいるが、衆生の救済を主題とする仏教にとって提婆達多の救済は大きな課題であったはずであり、提婆達多の成仏は仏教思想の発展の必然性に属するという反論もある。

龍女の成仏

提婆達多に関する話が終わったあと、提婆達多品では、多宝如来に仕える智積《ちしやく》(プラジュニャークータ)菩薩と、車輪のような大きな千葉の蓮華に坐って、大海の娑竭羅《しやから》(サーガラ)龍宮から涌出した文殊菩薩との対論が展開する。

智積は文殊に龍宮で教化したものの数を質問する。文殊は数えきれないほど多くいると答え、自分の教化した膨大な数の菩薩をその場に呼び寄せる。智積はそれをほめたたえ、文殊は自分は海中で『法華経』だけを説いたと述べる。すると、智積は『法華経』を修行すると、速やかに成仏することができるかと質問する。文殊はできると答え、その証拠として、娑竭羅龍王の八歳になる娘(龍女)の体験を説く。文殊は、彼女が智慧を備え、すぐれた宗教的能力をもち、経文を記憶する能力を獲得し、禅定に深く入って、多くの法を理解し、悟りを得ることができる、と絶賛する。

ところが、智積は、釈尊でさえ途方もなく長い期間難行苦行し、衆生を救済するために身命を捨てて菩薩道を修行して、やっと悟りを完成したのであるから、この八歳の龍女がたちまちの間に悟りを完成したとはとても信じられないという。

智積の口から上のような疑問が漏らされるやいなや、龍女は皆の前に突然現われて、仏に挨拶する。そして、仏をほめたたえ、さらに自分が文殊から『法華経』を聞いて悟りを完成したことは仏だけが明らかに知っており、自分は大乗の教えを説いて、苦悩の衆生を救済しよう、という偈頌を説く。

これに対して、舎利弗は龍女に「あなたは短い時間でこのうえない悟りを得たと思っているが、この事がらは信じにくい。どうしてかといえば、女性の身は穢《けが》れていて、仏法を受ける器ではない。どうしてこのうえない悟りを得ることができようか。仏道は広遠なもので、数えきれない長い時間厳しい修行を積み重ね、六波羅蜜をあまさず修行してはじめて成就することができるものである。そのうえ、女性の身には五つの障害がある。一つには梵天王になることができない。二つには帝釈、三つには魔王(仏教では、神々を三段階に分けるなかで、魔王は下位の神の最高位を占める。梵本では四天王となっている)、四つには転輪聖王《てんりんじょうおう》、五つには仏身になることができない。どうして女性の身が速やかに成仏することができようか」と舌鋒鋭く迫った。

そこで、龍女は自分のもっていた宝珠を釈尊に差し上げたところ、釈尊は即座にこれを受け取った。龍女は、自分の成仏はこの宝珠の献上と仏の受け取りというでき事よりももっと速やかであると宣言し、瞬時に男子に変身して、菩薩の修行を備え、娑婆世界の南方にある無垢《むく》世界で成仏し、衆生のために妙法を説く姿を示した。娑婆世界の聴衆は、はるか遠くその龍女が成仏し説法している姿を見て、歓喜して龍女に敬礼した。無垢世界で龍女の説法を聞いた膨大な数の衆生も一部のものは高い悟りを得、一部のものは授記された。娑婆世界の三千の衆生も高い悟りに達し、他の三千の衆生は授記された。そこで、智積も舎利弗も集会に集ったすべてのものたちもみな黙って龍女の成仏を受け入れざるをえなかったのである。

龍女の変成男子

鳩摩羅什訳現行本(提婆達多品は別人の漢訳)が「変成男子《へんじょうなんし》」(男子に変身する)と訳した箇所は、梵本では、女性の生殖器が消えて男性の生殖器が生じるとあり、性的に露骨な表現となっている。インドでは文学や芸術において露骨な性的表現を慎まない傾向が強いが、中国ではそうはいかないので、翻訳者が上のように簡潔に表現したのである。

『法華経』には龍女の成仏が説かれているので、日本においては女人成仏の根拠として『法華経』が重視された。近年、フェミニズムの立場から仏教の女性差別を批判する議論が盛んになっているが、この「変成男子」は格好の女性差別としてしばしば取りあげられる。また、上の舎利弗の発言にある「五障」(女性は梵天王・帝釈・魔王・転輪聖王・仏身になることができないとされること)や、ここには出ないが、「三従」(女性は幼いときは父に従い、結婚しては夫に従い、老いては長男に従うこと)の考えも女性差別として取りあげられる。

確かに、女性がその身そのままで成仏できず、男性に変身してから成仏するという考えは、女性にとっては屈辱的に感じられるであろう。『無量寿経』には阿弥陀如来の極楽浄土に女性の存在しないことが誇らしげに語られ、四十八願の中にも、女性が男性に変身して往生できることが説かれていることは古来有名である。なぜ、このような話が出てきたかといえば、仏の備える三十二種類の肉体的特徴(三十二相という。次章一五九頁参照)の中に陰馬蔵相《おんめぞうそう》というものがある。これは仏の男根は馬のように平生は体内に隠れており、排尿のときだけ体外に出てくるというものである。三十二相を備えていなければ、仏の資格はないとされたので、仏は男根をもつ男性に限定されることになった。大乗仏教においても、その多くは仏が男性でなければならないという思想の枠組を相対化させ、さらに突破することはできなかったのである。そこで、大乗仏教が救済を女性に開放するための表現の方法が「男子に変身する」という奇妙なものになってしまった。ただし、女性が男性に変身できるということは、男性、女性の性差を絶対的なものとして固定していないということであり、この点、『維摩経』のように、空の思想によって、男性、女性の性差を固定的に捉える考えを乗り越えたものと一脈通じるといえよう。『維摩経』においては、女性蔑視の舎利弗が天女の神通力によって女性の身体に変えられてしまい、恥をかくという場面が説かれている。

ともあれ、宗教思想は本来、新しい文化創造の担い手となる力をもっているはずであるが、実際には時代のもつ思想の制約からなかなか解放されないし、下手をすると解放されるどころか、自ら積極的に助長、荷担する場合のあることは、日本の業《ごう》の思想の受容などに典型的に見られる。

なお、女性の即身成仏を説く経典(竺法護訳『海龍王経』巻第三、女宝錦受決品《にょほうきんじゆけつぼん》)も実際にはあることを考えると、インド社会における女性蔑視の情況の中で、できるだけ伝統的な価値観と衝突を避ける妥協的な形で女性の救済を説くために、変則的な「変成男子」説を採用したという見方も成立する余地があるであろう。

第二章　久遠の釈尊の思想――永遠の生命

1　仏身論の発展

釈尊の超人化と前生物語の成立

釈尊が八十歳で涅槃に入ったことはすでに述べた。「一切の勝者、一切の知者」であることを宣言した、あの偉大な釈尊が凡人とまったく同じように死の波にさらわれたことは、弟子にとっては仏・法・僧の三宝の一つが消え、まさに仏教の中心が崩壊したかに見える大事件であった。釈尊は死に臨んで、自己を拠り所にし、法を拠り所にするよう、弟子たちに諭《さと》したので、釈尊の死後、法の研究、すなわち、アビダルマ(阿毘達磨《あびだつま》)が発展したが、一方で、釈尊の偉大さがしだいに強調され、超人的性格が与えられていった。この点は多くの宗教のたどった道と共通である。

たとえば、身体的特徴としては、偉人に特有な三十二相を備えるとされた。そのなかのいくつかを紹介すると、先に紹介した眉間白毫相《みけんびやくごうそう》、陰馬蔵相《おんめぞう》以外にも、まげを結ったように頭上の肉が隆起していること（頂髻相《ちようけい》。隆起している部分を肉髻《にくけい》という）、手足の指の間に水かきのような膜があること（縵網相《まんもう》）、足が扁平《へんぺい》足で大地にしっかりと安住していること（足安平相《そくあんびよう》）、手足に輪の形の模様があること（千輻輪相《せんぷくりん》）などの特徴があるといわれる。また、仏の備える精神的な能力に関して、先に述べた十八不共仏法《じゆうはちふぐうぶつぽう》が説かれる。また、仏伝も偉人にふさわしいように、さまざまに潤色されていった。たとえば、誕生したとき、北に向かって七歩あゆみ、右手で天を指し、左手で地を指して「天上天下《てんじようてんげ》、唯我《ゆいが》独尊《どくそん》」（この世で、私が最も尊い）と宣言したことや、アシタ仙人が、生まれたばかりの釈尊を見て、この子は在家であれば世界を征服する転輪聖王となり、出家すれば一切衆生を救済する仏になるであろうと予言したことなどである。

さらに、過去・現在・未来の三世にわたる道徳的因果律（善の因は楽の果を、悪の因は苦の果をもたらすという因果の法則）の立場から、このような釈尊の偉大さの背景には過去世に偉大な修行がなければならないと考えられ、釈尊の前生《ぜんしよう》の物語が発達した。たとえば、日本の玉《たま》虫厨子《むしのずし》の台座の側面に描かれている「捨身飼虎《しやしんしこ》」、「施身聞偈《せしんもんげ》」もそのような物語の例である。「捨身飼虎」は、釈尊が前生で太子であったとき、七頭の子をかかえて飢えに苦しんでいる虎に、我が身を与えた物語である。「施身聞偈」は、次のような内容である。釈尊が雪山童子《せっせんどうじ》として修行していたとき、どこからともなく「諸行は無常にして、是れ生滅の法なり」（あらゆるものは変化して止まることがなく、生成し消滅する性質のものである）という半偈（詩句）が聞こえてきた。雪山童子がこの半偈を聞いて歓喜して、あたりを見回すと、そこには羅刹《らせつ》（ラークシャサ。悪鬼の一種で、人肉を食うといわれる）がいた。雪山童子は、なんとかして残りの半偈を聞きたくて、あなたの弟子になるから、聞かせてほしいと頼む。すると、羅刹は空腹で説くことができないというので、雪山童子は私の身体を差し上げるから説いてくださいと頼む。そこで、羅刹は残りの半偈、「生滅滅し已《おわ》りて、寂滅を楽と為す」（生成・消滅がなくなって完全に静まりかえった境地が真実の楽である）を説いた。雪山童子は、この偈頌を、石、壁、樹木、道などいろいろな所に書きつけてから、約束どおり、自分の身体を羅刹に与えるために高い樹木から飛び降りた。すると、羅刹は帝釈天に姿を変えて雪山童子を抱きとめる。実は、この羅刹は、雪山童子の求道心が真実かどうかを試すために帝釈天が姿を変えたものだったのである。

ちなみにここに示された偈を無常偈と呼び、日本の「いろは歌」はこの偈を四十七文字で翻訳したものとされる。

永遠のブッダ

上に述べたように釈尊の超人化がしだいに進められていったが、その超人化を阻むもっとも重大な事件こそ、はじめに述べた釈尊の死であった。偉大な釈尊が凡人と同じように過去の業によって死を運命づけられたと考えるのは、いかにも仏教徒の宗教心情にそぐわないことに思われ、ついに釈尊の死は、衆生を教化するという仏と衆生との関係性(化縁《けえん》)が尽きたので、釈尊はまったくの自由意志で涅槃に入った(任意捨命《にんいしやみよう》)とする解釈を取るにいたった。そうなると、死だけではなく、この世に生まれることも自由意志にもとづくものと考えられるようになり、釈尊の一生はすべて衆生を救済しようとする願いを実現する過程と考えられたのである。

このように衆生を救済したいという願いによってこの世に生まれるという説を願力《がんりき》所生説というが、これは釈尊を業の束縛を越えた存在とみる考えである。これと対照的に、衆生を救済する使命をもつ菩薩であっても、あくまで業の束縛を受けてこの世に生まれるという考えを業《ごう》力《りき》所生説という。仏・菩薩の超人化の程度は願力所生説のほうが強いが、業力所生説においても、いつでも断ち切ることのできる煩悩をあえて断ち切らないで、煩悩の働きを抑止するだけにしておくことができるという考えが採用され、菩薩がたんに業の束縛を受けた存在ではないことを示している。

以上述べたように、釈尊の死後、彼の超人化、神格化が進むなかで、仏の本質は何かという問題が探求され、摩耶《まや》夫人の子として生まれ、八十歳で死んだ歴史的ブッダ、すなわち、肉身のブッダを越えた永遠のブッダが考えられるようになった。そうすると、歴史的ブッダも、この永遠のブッダが衆生を救済する目的でこの世に身を現わしたブッダであると考えられるようになったのである。その一つの成果がこれから考察する『法華経』の久遠の釈尊という新しいブッダ観にほかならない。

生身と法身

肉身のブッダを、生身《しょうじん》、あるいは色身《しきしん》と呼び、永遠のブッダを法身《ほっしん》(ダルマ・カーヤ)と呼ぶ。仏教学では、このようなブッダの本質に関する理論的考察を仏身論というが、今、説明したものは、そのうちの二身説といわれるものに相当する。法身とは、法(ダルマ)=仏教の真理を身体としているものという意味である。この法身も説一切有部《せついっさいうぶ》という学派では、今説明したような仏身論の意味ではなく、戒・定・慧・解脱・解脱知見の五つの功徳法(すぐれた徳性)のあつまりを意味した。これを五分《ごぶん》法身という。戒・定・慧は、仏道修行者の三つの学ぶべきものという意味で、三学といって重視される。この三学によって解脱(苦悩からの解放)を得、さらに自分が解脱を得たとはっきりと自覚することが解脱知見である。

大乗仏教が西暦紀元前後ころから興起、発展すると、釈尊以外にも、さまざまな仏が経典のなかで説かれるようになり、仏のさまざまなあり方に対して理論的な反省が起こり、仏身論が生じた。

二身説については紹介したので、仏身論のなかでも最も基本的、かつ重要な法身・報身《ほうじん》・応《おう》身《じん》の三身説について紹介しよう。仏教では、完全な智慧によって法（ダルマ）を体得することを宗教的理想としている。この真理と智慧とが合一していることを、仏陀の本質とするのである。仏身論とは、この合一した本質をいくつかの視点から分析的に整理したものと考えられる。真理の側面を法身といい、これについてはすでに述べた。智慧の側面を報身（サンボーガ・カーヤ）という。報われた身という意味である。つまり、長い間の修行をし、その結果として獲得した仏身をいう。法身が理、報身が智を象徴し、理智不二の仏の本質から、大悲によって衆生を救済するために、この現実の世界に肉体をもって現われた仏が応身（ニルマーナ・カーヤ。化身とも訳される）と呼ばれる。ニルマーナとは、仏の本質から変化展開されたという意味である。応身は慈悲を象徴しているので、仏の本質は、理・智・慈悲の三要素からなっていると考えられたのである。

八十歳で亡くなった釈尊は応身とみなされ、我々にはなじみ深い存在であるが、その応身の背後に永遠のブッダとして法身を考えたのである。報身の概念はわかりにくいが、法身が真理を意味しやや抽象的であることから、その真理がたんに静止的なものではなく活動的である点を示すために、また法身と応身をつなぐパイプ役を担うために、報身という別な仏身を新しく考えたのだと思われる。

ただし、これらの仏身論は、『法華経』などの初期大乗経典において多くの新しい仏が誕生し、後にそれを理論的に整理する必要から生まれたものである。『法華経』の久遠の釈尊や阿弥陀如来は後の仏身論の立場から見れば報身と位置づけられるが、これらの仏が誕生したときには、まだ報身という概念は成立していなかった。

2　永遠の生命をもつ釈尊

第一部・第二章で述べたように、従地涌出品に説かれた弥勒菩薩の地涌の菩薩に関する質問を誘い水として、釈尊は如来寿量品において、自分が成仏したのは今世ではなく、五百塵点劫《じんでんごう》というはるか遠い過去においてであることを明かし、あわせて未来の寿命は、成仏してから現在(釈尊が『法華経』を説いている時)までの時間の二倍であると説く。つまり、釈尊の仏としての寿命の永遠性を説き示すのである。如来寿量品のポイントは、すでに述べたが、第一に釈尊の寿命が永遠であること、第二に釈尊が涅槃に入るのは方便(巧みな手段)であること、第三に信仰のある者は釈尊を見ることができるとすることである。

久遠と永遠

歴史的には、釈尊は三十五歳のとき、ガヤーの町に近いピッパラの樹の下で坐禅瞑想して最高の正しい悟りを完成したといわれる。ところが、如来寿量品で、釈尊は本当は自分が成仏してから計算もできないほど長い時間が経過したことを打ち明ける。その長さを聴衆に印象づけるために五百塵点劫の譬喩を用いているが、これについてはすでにその要点を説明した(五七頁参照)。

さて、本書では久遠《くおん》の釈尊という言葉を、ときに永遠の生命をもつ釈尊などと言い換えてきたが、久遠という言葉は大昔という意味であり、久遠の釈尊とは遠い過去に成仏した釈尊という意味である。したがって、永遠の釈尊という場合の永遠という概念については改めて考察しなければならない。

釈尊が成仏したのは、五百塵点劫の譬喩によって示されたように、途方もなく遠い過去であった。では、釈尊の未来はどうか。釈尊の未来の寿命は、成仏してから現在までの時間の二倍であると説かれている。これをどのように解釈するべきか。成仏してから現在までの時間は実質的には無限と解釈することができるので、未来の寿命も無限であると解釈することも可能であろう。この解釈は、四世紀頃に成立したといわれる大乗の『涅槃経』において端的に仏身の永遠性を説くよりも、五百塵点劫の譬喩のような大きな仕掛によって時間の長さを示した方が、聴衆に仏の永遠性を強く印象づけると考えるもので、この譬喩は本来、過去の永遠性を象徴したものと捉える解釈である。したがって、過去も未来も実質的には無限であることになる。

しかし、仏の仕事は衆生救済であり、すべての衆生を救済すれば、その仏の使命は終わり、涅槃に入るという考えも成立する。すべての衆生が救済されることは実際には不可能なことのように思われるが、理念としては可能であるという立場を仏教が採用する以上、仏が最終的にすべての衆生の救済を終えて涅槃に入る可能性はなくてはならないことになる。したがって、この場合は、むしろ仏の寿命が有限であることが、すべての衆生の救済を理念的に保証していることになるかもしれない。また、釈尊が菩薩の修行をして成仏したと説かれているように、『法華経』成立の歴史的段階では、後に形成された法身仏のように理法そのものを仏と見立てた仏の観念(この法身仏は無始無終、すなわち、過去も未来も永遠とされる)はまだ成立しておらず、そのような意味では、仏は必ず菩薩の修行をして、ある特定の時間点において成仏した存在と考えるべきであるから、釈尊の過去の寿命も無限ではなく、単に長大な時を表現しただけであるということもありうる。

『法華経』自身がどちらの立場を取っているのかにわかに決めがたいが、後者の可能性が高いかもしれない。しかし、永遠の観念や無限の観念は、私たちの思惟能力を越えたものであり、『法華経』の聴衆にとっては、自分たちを救済するのに十分に長い寿命をもっているという点で、いずれの立場も実質的には同じようなものであることも否定できないであろう。

釈尊の涅槃の意味

上述のように、釈尊の仏としての寿命が過去も未来もほとんど永遠といってよいほど長遠なものであるとしたら、釈尊が涅槃に入ることは大きな矛盾ではないであろうか。このような疑問が当然起こってくる。菩提樹の下における成道《じょうどう》後四十余年を経て説かれたとする『法華経』の見宝塔品において、釈尊は『法華経』を説き終えて間もなく涅槃に入ることを宣言しているし、そもそも『法華経』の成立を歴史的に見る立場からは、歴史的釈尊が数百年前に八十歳で涅槃に入ってしまったという紛れもない事実を踏まえなければならない。そこで、仏の寿命が長遠であるにもかかわらず、なぜわずか八十年で生涯を閉じなければならないのか、が問題となる。先に述べたように、これは『法華経』の成立以前にも、釈尊の神格化、超人化の中で、大きな問題となり、たとえば原始経典の『涅槃経』(仏性を説く大乗の『涅槃経』とは別の経典)では、釈尊の寿命は本当は一劫という長いものであるが、自らの意志によって残りの寿命を捨て、涅槃に入ったものであると解釈されている。

『法華経』においては、真実には釈尊は長遠な寿命をもっているが、巧みな手段によって、涅槃に入る姿を衆生に示すと解釈される。如来寿量品の後半の自我偈《じがげ》(「自我得仏来《じがとくぶつらい》」という言葉で始まるので、最初の二文字を取って自我偈と呼ぶ）の表現を借りれば、「衆生を度《ど》せんが為《た》めの故に、方便もて涅槃を現ずれども、実には滅度せずして、常に此《ここ》に住して説法す」ということである。つまり、衆生を救済するために、巧みな手段によって涅槃に入る姿を示すけれども、真実には涅槃に入るのではなく、常にここ娑婆世界の霊鷲山にあって説法しつづける、というものである。『法華経』はこの方便による涅槃という思想によって、上の問題を解決しようとしたのである。

では、涅槃を示すことのどの点が巧みな手段と見なされるのであろうか。これに対する『法華経』の説明は人間の心理の微妙なひだに触れるもので興味深い。それは、釈尊が自分たちの側に常に存在していると、私たちのような徳の少ないものたちは、高ぶった勝手な心を起こして、修行を嫌に思い怠《なま》ける心をもち、仏に会うことが難しいという思いと尊敬の心を生じることができなくなるからだ、とするのである。そこで、釈尊は仏を真剣に求める心を衆生の心に生じさせ、彼らが善根を植えることのできるように、仮に涅槃に入る姿を示すとされる。

見　仏

釈尊の寿命は長遠であるが、仮に涅槃に入るとしたならば、私たちはいかにして釈尊を見ることができるのか。大乗経典が紀元前一世紀頃から成立しはじめたとする歴史的立場から考えると、大乗経典成立当時は、すでに釈尊は不在であり、仏教徒にとっては仏に出会い、直接教えを聞くことができないという意味で、暗黒時代であったといっても過言ではない。このような暗黒時代に、仏に出会うということはきわめて重要な宗教的事件である。多くの大乗経典に、見仏三昧《けんぶつざんまい》(仏を見る瞑想)や見仏体験について語られていることはこのことを物語っている。大乗経典の根源には、このような大乗仏教の担い手たちの見仏という宗教的体験があったと考えることはあながち的はずれではないであろう。

この如来寿量品も自我偈の中で、この課題にまさしく言及していることに注意しなければならない。それは上に引用した「方便もて涅槃を現ず」の文に続いて、「我れは常に此に住すれども、諸《もろもろ》の神通力を以て、顚倒《てんどう》の衆生をして近しと雖《いえど》も見えざらしむ。衆は我《わ》が滅度を見て、広く舎利を供養し、咸皆《み》な恋慕《れんぼ》を懐《いだ》いて、渇仰《かつごう》の心を生ず。衆生既に信伏し、質直《しつじき》にして意《こころ》柔軟《にゅうなん》にして、一心に仏を見んと欲し、自ら身命《しんみょう》を惜しまざれば、時に我れ及び衆僧は倶《とも》に霊鷲山に出ず」とある箇所である。この文の要点は、信仰のない者には神通力によって釈尊が近くにいてもその姿を見えないようにさせ、逆に真実の信仰のある者には、釈尊とその弟子の集団は霊鷲山に、ということはその者の眼前に出現するということである。

3　諸仏の空間的統一・時間的統一

娑婆世界を浄化する釈尊

見宝塔品第十一のストーリーはすでに紹介した（第一部・第二章）。とくに、釈尊は、多宝塔の扉を開けて多宝如来の姿を見る条件として、釈尊の分身仏《ふんじんぶつ》を十方世界から集合させなければならなかった。そこで、釈尊は分身仏を集合させるために、三回にわたって娑婆世界を浄化した。その浄化のプロセスについては次のように説かれる。

はじめに、釈尊が眉間白毫相《みけんびゃくごうそう》から光を放つと、東方の五百万億那由他《なゆた》恒河沙《ごうがしゃ》という膨大な数の国土の仏たちが見えた。そこは見事に荘厳《しょうごん》された浄土で、仏たちはそれぞれ説法し、多くの菩薩たちも衆生のために説法している。東方以外の方向の国土も同様であった。分身仏たちはそれぞれの国土の菩薩たちに「私は今、娑婆世界の釈尊のもとに行き、多宝如来の宝塔を供養しよう」といった。そのとき、娑婆世界もすばらしい浄土となり、『法華経』の会座に集った者を除いて、その他の神々・人々を他土に移し変えた。これが第一の国土の浄化である。そのとき、分身仏たちはそれぞれ一人の菩薩を侍者として引き連れて娑婆世界にやって来、五百由旬《ゆじゅん》（由旬はヨージャナの音写語で、十数キロメートルの距離を意味する単位）の高さの宝樹のもとにある五由旬の高さの師子座《しし》(仏の座席をいう。仏を師子〔獅子〕にたとえている)の上に結跏趺坐《けっかふざ》した。このように膨大な数の分身仏を集合させるために、師子座を用意し、それが三千大千世界(十の九乗の世界)に満ち満ちたが、十方の中の一方向の分身仏の数にも足りなかった。すでに述べたが、十方とは仏教特有の数え方で、東西南北の四方と、それぞれの方向の間の四維と、上下の二方向を合わせたもので、この全宇宙を指す。そこで、釈尊は改めて四方・四維の八方において二百万億那由他の国土を浄土に変えた。それらは一仏国土のようにひと続きとなった。これが第二の国土の浄化である。さらに、釈尊は八方において二百万億那由他の国土を浄土に変え、それらは一仏国土のようにひと続きとなった。これが第三の国土の浄化である。このようにして浄化された八方の四百万億那由他の国土に、十方の分身仏たちが満ち満ちたのである。そこで、分身仏たちは侍者を派遣し、釈尊や菩薩・声聞の弟子たちに挨拶をさせ、宝華を釈尊の上に散らせて供養させ、多宝如来の宝塔を開くことを願っていることを伝えさせた。

無数の仏を統合する仏

このようなドラマを展開して、『法華経』は何をいいたかったのであろうか。仏教の歴史において、ある部派は、過去仏、未来仏の存在は認められるが、同時には、この全宇宙にただ一人の仏の存在しか認めないという立場を取った。また別の部派は、この全宇宙には娑婆世界のような世界が無数にあり、それぞれの世界においてそれぞれの仏が存在することを認めるという立場を取った。大乗仏教は後者の立場を発展させ、娑婆世界の釈尊のほかに、たとえば西方の極楽世界には阿弥陀如来が存在し、東方の浄瑠璃世界には薬師如来が存在するというように、同時に多くの仏が存在することを認めた。『法華経』成立以前の大乗仏教においても、新しい仏が次々に生み出され、それらに対する信仰が説かれていたのである。

『法華経』も十方世界に多くの仏が存在することを認め、それを当然の仏教的世界観としてふまえてはいる。しかし、『法華経』の独自性はその先にあった。それは散漫ともいえるほど全宇宙に散在する無数の仏を統合する強力、強烈な仏を新たに確立することであった。『法華経』はこの無数の仏を統合する役割を、娑婆世界の釈尊に担わせようとした。上に述べたように、おびただしい数の釈尊の分身仏が十方世界から集合させられたことは、見方を変えれば、十方世界の膨大な数の諸仏はすべて釈尊の身体から化作《けさ》された分身仏であると解釈できるということである。これは十方の諸仏を釈尊に統合すること、諸仏の空間的統一といってよいであろう。見宝塔品のストーリーは、諸仏の空間的統一という重要な思想のドラマ的表現であったといえるのではないか。

このように諸仏の空間的統一ということに思い至ると、如来寿量品の新しい釈尊観は諸仏の時間的統一と捉えることができるのではないか。過去、未来に関して永遠ともいえるほど長い寿命をもつ釈尊は、原始仏教以来説かれてきた過去仏、未来仏を釈尊に統合する役割を担っている。如来寿量品によれば、釈尊は久遠の昔に成仏してからはるかな未来まで、衆生を救済するために、仏としてさまざまな活動を展開することが説かれ、これはとりもなおさず釈尊が過去仏、未来仏の役割を果たすことだからである。

こうして、『法華経』が諸仏の空間的統一・時間的統一を図ろうとしていることに気がつくと、ひるがえって方便品の一仏乗の思想は、釈尊の一生涯に説いてきた教えを一仏乗の教えに統合するということであることに気づかされる。これは諸教の統一といえるであろう。

このように見てくると、『法華経』は諸仏と諸教を統一しようとする強く明確な意図をもっているのではないかと思われる。これこそ『法華経』の思想の最も重要な特色であると結論づけることができよう。

第三章　誓願の宗教――地涌の菩薩の思想

1　『法華経』信仰者はどんな存在か――誓願の宗教

従地涌出品の地涌の菩薩

先に紹介した一仏乗の思想と久遠の釈尊の思想を巨大な二大建造物にたとえるならば、それを支える大地にたとえられるものが、釈尊が涅槃に入った後に、『法華経』を受持し、広める使命を担うべき地涌《じゆ》の菩薩である。

地涌の菩薩が登場するのは、従地涌出品第十五であり、釈尊滅後の『法華経』受持《じゅじ》・弘通《ぐずう》の主体者がはじめてその正体を現わす。釈尊は娑婆《しゃば》世界以外の他方の世界からやって来た菩薩が釈尊の死後、『法華経』を弘通しようという申し出を拒否した。そのとき、釈尊の拒否する声に応じて、三千大千世界の広がりをもつ娑婆世界の大地が震動しながら裂け、その裂け目から無数の菩薩たちが涌出(水が涌くように出現すること)する。そこで、彼らを地涌(大地から涌出する意）の菩薩と呼ぶ。これらの菩薩たちは、普通、仏と転輪聖王だけが備えるといわれる三十二相（前章の一五九頁参照）を備えていたとされる。そして、彼らは涌出する以前、娑婆世界の下方の虚空《こくう》（宇宙空間）にいたとされる。

仏教の世界観によれば、虚空の中に世界は浮かんでいるのである。何もない虚空に、そこに生まれてくるべき衆生の業の力によって、どこからともなく風が吹いてきて、それが風輪《ふうりん》の層となる。その上に水がたまって水輪《すいりん》の層ができ、さらにその上に金輪《こんりん》の層ができ、その上に大地、山、海があるのである。したがって、大地が裂けて、下まで突き抜ければ、そこは虚空なのであり、地涌の菩薩が虚空に住んでいたとされるのも納得できる。では、大地の下方であって、上方とされないのはなぜか。それは須弥山の上方は神々の住む世界とされるからであろう。神々は仏教では六道の一つで、輪廻する存在であるから、菩薩に比べればその位は低いのである。また娑婆世界以外の他方世界からやって来る菩薩が上方から飛来するのと区別するためであろう。

地涌の菩薩たちは三十二相を備えているというように、その姿がりっぱであるばかりでなく、その数が六万恒河沙というおびただしい数であることにも驚かされる。しかも、一人一人の菩薩がこれまた多数の仲間（眷属《けんぞく》）を引き連れており、多いものは六万恒河沙の仲間がいるのである。面白いことに眷属の一人もいない菩薩もいる。地涌の菩薩たちは多宝如来、釈尊、分身仏に挨拶したが、それに要する時間が五十小劫という長い時間かかったとされる。しかし、仏は神通力によって、その集会の者たちに、五十小劫という長時間をわずか半日のように思わせたと説かれる。

膨大な数の地涌の菩薩たちの間には四人の指導的立場の菩薩がいた。残念ながら、彼らについては、その名前以外に具体的な個性を示す記述はない。わずかに上行《じょうぎょう》、無辺行《むへんぎょう》、浄行《じょうぎょう》、安立行《あんりゅうぎょう》という名前が彼らの修行の性格を示唆しているが、それとてほとんど抽象的なものにすぎない。ちなみに、日蓮は自分が上行菩薩の再誕であるという自覚をもち、末法時代における『法華経』の弘通を釈尊から委嘱されたと考えた。つまり、末法時代における真の救済者としての宗教的自覚をもったのであった。

このように、従地涌出品には、地涌の菩薩が三十二相を備えた立派な姿をしていることや、孤独を好み熱心に修行することなどが描かれているが、必ずしもその特性を描写してはいない。かえって、法師品において、『法華経』を受持する者の存在性格を描写する記述の中に、地涌の菩薩がいかなる存在であるのかという疑問への答えが見られる。

地涌の菩薩の大慈悲

それによれば、『法華経』の信仰者について、釈尊の前と涅槃に入った後とにかかわらず、いずれの場合も『法華経』を聞いて歓喜するものは未来に成仏できるとされる。また、『法華経』を受持・読・誦・解説《げせつ》・書写するなど真剣に修行するものは、過去世において多くの仏たちを供養し、成仏の大願を実現したものであり、本当はそのすばらしい果報を満喫享受していればよいのであるが、衆生を憐れむ大慈悲心によってこの悪世に生まれてきたこと、また、最高の正しい悟りを完成した大菩薩であり、如来に対する供養と同じように供養されるべき尊い存在であること、当然受けることのできる清浄な業の果報をあえて捨てたことなどが指摘されている。

誓願の宗教

日蓮を代表とする現代に至るまでの『法華経』の信仰者に対する印象は、悪くいえば狂信的、よくいえば堅固な信仰心をもった者といったところであろう。また、その強烈な実践性、行動性という特色が指摘されることも多い。これらの評価の理由として、今述べたような地涌の菩薩観があると思われる。つまり、『法華経』を信仰するものは、過去世においてすでに最高の正しい悟りを完成したが、衆生への大慈悲心から、あえてその清浄な業の果報を捨ててこの悪世に生まれ、『法華経』を説き広めるとされる。そのように考えると、『法華経』を信仰する自己がたとえ現在どんなに恵まれない境遇に置かれていたとしても、そのことは自己が大慈悲心の故に、あえて恵まれた果報を捨てて選んだからにほかならないと解釈できることになる。このような考えは、第三者から見れば、独善的なうぬぼれとしか見えないかもしれないが、実際に苦悩に呻吟する者にとっては、世界観の転換をもたらす曙光であったであろうし、宗教的にもきわめて興味深い捉え方である。

これはけっして『法華経』だけの勝手な議論ではなかったことは、すでに述べた願力所生説《がんりき》（二六二頁参照）から明らかである。大乗仏教の菩薩の思想は、部派仏教の一部ですでに成立していた願力所生説を拡大発展させたものであり、法師品の思想はまさしくその思想を踏まえたものである。

したがって、自力によって自己の悟りを追求するのでもなく、他力によって絶対的救済者から救われることを求めるのでもなく、自己の本地《ほんじ》、すなわち、自己は過去世においてすでに悟りを開いた大菩薩であり、自ら選んでこの悪世に生まれ、衆生のために『法華経』を説くべき存在であることを深く自覚して、この世における使命を実践することが大事であると捉えられることになる。初期大乗経典が、悟り型の宗教でもなく、救い型の宗教でもなく、誓願の宗教であることを端的に物語るものであると考える。

法師品には、『法華経』の信仰者のこの世の使命は、如来の使いとして如来に派遣され、如来の仕事、具体的には、『法華経』の説法による衆生の救済の仕事を実行することであると明言されている。このように『法華経』を信仰する者は高尚尊厳な存在であるから、その者に対して一言でも悪口をいうものは、仏に対して一劫という途方もない長時間悪口をいう罪より重く、最大限に尊敬し供養しなければならない、と法師品には説かれる。その理由として、この偉大な人が『法華経』を説くのを聞くことによって、すべての衆生が最高の正しい悟りを完成することができるからであるとされる。

以上のように、『法華経』の担い手の存在性格が描かれているが、これこそ『法華経』の成立時点における『法華経』信仰者の自画像、自意識であったのではないだろうか。

では、『法華経』の担い手たる地涌の菩薩はどのような行動をするのであろうか。『法華経』が文献として成立した後代には、『法華経』の受持・読・誦・解説・書写などの修行をすることと解釈されるが、『法華経』がまさに成立しつつある時点での原初的なイメージとしては、すでに述べた常不軽菩薩の授記の行動がモデルとなっていたのではないかと考えられる。

2　観音菩薩と『観音経』

誓願の宗教と観音信仰

『法華経』の観世音菩薩普門品は、中国・日本では独立単行されて『観音経』と呼ばれた。

現一切色身三昧（あらゆる身体を現わし示す力をもつ瞑想）を得た観音菩薩（観世音菩薩ともいう）が三十三身を現わして、苦難の衆生を救済するという内容であり、すこぶる現世利益的な内容なので、中国・日本の民衆の人気を獲得して、観音信仰が広く流行した。インドにおける成立については、『法華経』成立以前にすでに存在していた『観音経』を『法華経』の中に組み入れて一つの品としたという説と、この品は『法華経』の制作者によってはじめて成立したという説とがある。なお、品名に出る「普門」（サマンタムカ）とは、あらゆる方向に顔を向けた者の意であり、後に述べる十一面観音の根拠を示している。

さて、観音菩薩によって救われたいと祈ることが一般的な観音信仰である。人間の力を越えた大いなるものへの祈りは人間にとって重要な意義を持っていると思う。しかし、私は大乗経典の根本思想は救われる者から救う者への転換を自覚し実践することであると考えている。それが本章の「誓願の宗教」という意味である。大乗経典は大勢の衆生を救済したいという願いを基盤として成立しているので、そこには救われるべき大勢の衆生の存在が強調されていることも確かである。しかし、救われる者の存在の背後には、救う者がいなくてはならない。経典には救済者として多くの仏・菩薩が登場するが、観音菩薩もその代表的な一人である。このような有名で偉大な力をもつ菩薩の存在のかげに、救う者としての自覚に立った無名の菩薩たちが確かに存在したはずである。地涌の菩薩もそのような菩薩を象徴したものと捉えることができる。「だれでもが菩薩」という大乗仏教においては、一人一人が大いなる力に支えられて救う者へと自己転換を図ることこそが目指されているのではないだろうか。

観世音菩薩の名のいわれ

無尽意《むじんに》菩薩が釈尊に、観世音菩薩の名の由来を質問するところから、この品は始まる。釈尊は、計量することもできない百千万億の衆生が多くの苦悩を受けているときに、観世音菩薩の名を聞いて、ひたすらその名を唱えるならば、観世音菩薩はすぐにその衆生の唱える声を聞いて、衆生を苦悩から救済してくれることを説く。

観世音の原語は、アヴァローキテーシュヴァラ(Avalokiteśvara)であり、直訳的には、後に玄奘《げんじょう》が訳したように「観自在」(観察することに自在であるもの)が正しい。では、なぜこれを鳩摩羅什は観世音と訳したのであろうか。これには、Avalokitasvara(svara は音の意)が原語だったのではないかとする説(この場合 Avalokita が観世と訳されたことになり、lokita が loka=世間と混同された可能性があるとされる)、観世音菩薩は衆生の苦しみの音声、救いを求める音声を観察して、救いの手を差し伸べるという働きをもつことから、観世音と訳したのだという説などがある。

観世音菩薩の救済の具体的な内容は、次のような現世利益的なものであり、ここに一般庶民の熱心な信仰を集めた理由が存する。以下、どのような利益を与えるのか、『法華経』の説くところを整理して示す。

① 大火に入っても、観世音菩薩の名を心にとどめれば、火も焼くことができない。

② 大水に流されても、観世音菩薩の名を唱えれば、浅い所にたどり着く。

③ 百千万億の衆生が貴金属や宝石を求めるために大海に入るとき、たとい暴風が舟を羅刹《らせつ》の国に吹き飛ばそうとしても、その中の一人でも観世音菩薩の名を唱えれば、これらの人々はみな羅刹の難を脱却できる。

④ ある人が刀や杖で殺害されようとするとき、観世音菩薩の名を唱えれば、すぐにその刀や杖は折れ砕けて、逃れることができる。

⑤ 三千大千世界の夜叉や羅刹がやって来て、ある人を悩まそうとしても、その人が観世音菩薩の名を唱えるのを聞けば、これらの悪鬼はその人を悪眼で見ることさえできず、まして害を加えることはなおさらできない。

⑥ ある人が有罪であれ、無罪であれ、手かせ・足かせ・首かせ・くさりなどの刑具で束縛されていても、観世音菩薩の名を唱えれば、すべてそれらの刑具は破壊されて、すぐに脱却できる。

⑦ 三千大千世界に満ちる敵意ある盗賊がいても、一人の商人の中心者が多くの商人を引き

連れて重宝をもって険しい道を通り過ぎるとき、その中のある人が「善男子たちよ。恐れてはならない。あなたたちよ。ひたすら観世音菩薩の名を唱えるべきである。この菩薩は畏《おそ》れのない境地を衆生に与える。あなたたちよ。もし名を唱えれば、この敵意ある盗賊から逃れることができるであろう」という。すると、多くの商人はそれを聞いてともに声をそろえて「南無観世音菩薩」と唱えると、すぐに脱却できる。

⑧愛欲・瞋恚《しんに》・愚痴《ぐち》が多くても、観世音菩薩を心に思って尊敬すれば、それらの欲望から離れることができる。

⑨男の子の欲しい女性が観世音菩薩を礼拝・供養すれば、福徳と智慧のある男の子が授けられ、女の子の欲しい女性の場合は、多くの人々に可愛がられる美しい容貌の女の子が授けられる。

このように、観世音菩薩の名を唱えることによる功徳を列挙した後に、釈尊は無尽意菩薩との問答によって、六十二億恒河沙の菩薩たちの名を記憶し、一生涯、飲食物・衣服・寝具・医薬の四事《しじ》を供養する功徳はとても多いが、観世音菩薩の名を記憶し、短い間でも礼拝・供養する人の功徳はこれとまったく等しく、百千万億劫という長い時間でもなくならないほどであることを説く。

三十三種の変化身

観世音菩薩の名を受持する功徳を聞いた無尽意菩薩は釈尊に、「観世音菩薩はどのようにしてこの娑婆世界に遊ぶのか。どのようにして衆生のために説法するのか。(観世音菩薩の)巧みな手段の力に基づく、その仕事はどのようなものであるか」と質問する。この質問に対して、釈尊は、観世音菩薩が三十三種類の身に変身して衆生を救済すると述べる。三十三身は仏・縁覚・声聞・梵王《ぼんのう》・帝釈・自在天・大自在天・天の大将軍・毘沙門《びしゃもん》天王・小王《しょうおう》・長者・居士《こじ》・宰《さい》官《かん》・婆羅門《ばらもん》・比丘・比丘尼・優婆塞・優婆夷・長者の婦女《ぶにょ》・居士の婦女・宰官の婦女・婆羅門の婦女・童男・童女・天・龍・夜叉《やしゃ》・乾闥婆《けんだつば》・阿修羅《あしゅら》・迦楼羅《かるら》・緊那羅《きんなら》・摩睺羅伽《まごらが》・執金剛神《しゅうこんごうじん》(ヴァジュラパーニ。手に金剛杵《しょ》をもつ神)である。

そして、釈尊は無尽意菩薩に、この観世音菩薩は恐ろしい緊急の災難の中で、何ものをも恐れない境地を与えることができるので、施無畏者《せむいしゃ》(何ものをも恐れない境地を与える者)と名づけると語り、観世音菩薩への供養を勧める。

聖観音と変化観音

観音菩薩が衆生救済のために、三十三身に変身するという『法華経』の思想から、さまざまな種類の観音が生まれた。これを変化《へんげ》観音という。これは一面二臂《ひ》(一つの顔と二本の腕)をもつ普通の観音を聖《しょう》(正)観音というのに対するものである。ここでは仏像彫刻などで我々に親しいいくつかの変化観音を紹介する。

①十一面観音……すでに「普門」の原語の意味は「あらゆる方向に顔を向けた者」であると述べたが、その理念を図像化したものが十一面観音である。本面(顔の正面)のほかに十面をもつものと、十一面をもつものとがある。本面以外の面は、正面に置かれる菩薩相という優しい表情をもつ三面、左側に置かれる忿怒《ふんぬ》相という怒りの表情をもつ三面、右側に置かれる白牙《びゃくげ》を出す三面、頂上に置かれる如来相を示す一面である。合わせて十二面の場合は、後頭部に暴悪相という大笑した表情の一面がある。衆生の機根に応じて、救済する側の観音もさまざまに表情を変えるのである。

②千手《せんじゅ》観音……千本の手をもつ観音菩薩で、一本一本の手には眼が付いているので、千手千眼観音とも呼ばれる。まともに千本の手を付けた像もあるが、四十二本に省略した像もある。このように手や眼が多いことは、観音の救済力の大きさを表現したものと考えられる。

③馬《ば》頭《とう》観音……三面二臂、三面四臂、四面八臂などさまざまな形があるが、最大の特徴は、頭上に馬の頭をのせていることである。また、怒りの表情を示している点も、他の穏和な表情の観音とは大いに異なるので、馬頭明王《めずみょうおう》といって明王部に入れられる場合もある。日

本の民間信仰では、旅行安全の守り神として路傍に建てられることが多い。

④不空羂索《ふくうけんじやく》観音……羂索は、鳥獣を捕まえる縄のことで、鳥獣を捕まえるのに失敗しない縄が不空羂索の意味である。この縄は、衆生を漏れなく救い取ることを表現したものである。この観音の特徴は、羂索をもつことと、三つの眼が付いていることである。

⑤如意輪観音……一説では、如意宝珠(チンターマニ。思いのままに願いをかなえてくれる宝の珠)と輪宝(チャクラ。煩悩を破る武器)をもっているから、このように呼ぶ。一面六臂で、右手の一本を頬にあて、右足で左足を踏んで立膝をしている。これを輪王坐という。

⑥准提《じゅんでい》(胝)観音……准提はチュンディー(井戸、小泉の意)の音写である。三目十八臂のものが多い。

日本の観音信仰

日本では、『観音経』に基づく現世利益の観音信仰ばかりでなく、来世の救済を願う信仰が生まれた。藤原道長が法成寺《ほうじようじ》の薬師堂に安置した観音は六体あり、これは六道の衆生の苦を救うためのものであった。このように六観音信仰が盛んになる。六種の変化観音と聖観音を合わせた七種の観音のうち、真言宗では、不空羂索観音を除いたものを六観音とし、台密(天台宗の密教)では准提観音を除いたものを六観音とする。

また、観音菩薩の三十三身に基づいて、観音菩薩を安置する三十三ヵ所の霊場を巡礼する信仰が生まれた。まず平安末期には西国三十三所の巡礼が始まったとされる。文献上、確かな事実は、園城寺の覚忠（一一一八―一一七七）が応保元年（一一六一）に七十五日をかけて三十三所を巡礼したとされる（『寺門高僧記』覚忠伝に出る）。この信仰は地方にも拡大し、十三世紀には坂東三十三所、十五世紀には秩父三十三所（後に三十四所とする）の巡礼も始まる。

観音の住処

『華厳経』入法界品《にゅうほっかいぼん》には、観音菩薩の住処として補怛洛迦《ふだつらくか》山《さん》の名が出ている（『八十巻華厳経』巻第六十八）。補怛洛迦は、ポータラカの音写語で、補陀落《ふだらく》などとも記される。玄奘の『大唐西域記』には、インドの南端のマラヤ山の東に実在した霊場とされている。

観音の聖地は、インド以外の地にも見いだされてきた。中国では、浙江省の舟山群島にある普陀山《ふださん》がそれに当てられる。この島が観音菩薩と関係をもったのは、日本僧慧萼《えがく》（九世紀）が始まりである。彼は五台山で修行した後に、観音菩薩像をもって日本に帰ろうとしたが、嵐にあって帰国できず、この島にたどり着く。そこで、彼は観音菩薩が中国を離れたくないのだと思い、「不《ふ》肯去《こうこ》観音院」を建て、この島に住んだ。小さな島なので、健脚の人は島全体を二、三日で踏破することができると思う。チベットのダライラマは観音菩薩の化身とされ、ラサのポタラ宮の名もポータラカに由来する。

日本では、那智山を補陀落の東門になぞらえている。平安中期以降は、那智から船出して補陀落に至り、観音に会おうという補陀落渡海《とかい》の信仰も生まれた。また、日光の地名の由来についても、補陀落→二荒《ふたら》→二荒《にこう》→日光と変遷したという説がある。

第四章 『法華経』の七つの譬喩

『法華経』には七つの譬喩《ひゆ》が説かれている。大乗経典が一種のすぐれた宗教文学であることはよく指摘されることであるが、大勢の人々の救済を願う大乗仏教の本質的な特徴として、大乗経典は難解な思想の単なる理論的説明に終始するのではなく、平易ななかにも味わい深い譬喩が豊富に用意されている。『法華経』もその例外ではなく、かえってそのような傾向を顕著に示している経典と評することができる。古来からの『法華経』の大きな人気の秘密の一つがここにあるといってもよいであろう。

七つの譬喩のなかで、父と子の物語を説くものは、三車火宅《さんしやかたく》の譬喩、長者窮子《ちようじやぐうじ》の譬喩、良医病子《ろういびようし》の譬喩の三つである。仏教においては、釈尊が男性であったという理由によって、仏と衆生の関係は母子としてではなく、父子として捉えられることが多い。仏と衆生を父子の関係と見ることは、仏の衆生に対する慈悲を、親の子に対する情愛に等置させたもので、人々に仏の慈悲を感じさせる上で大きな効果をもったであろうことは容易に想像がつく。七つの譬喩はいずれもよく知られた内容であるが、とくにこれらの三つの譬喩はある程度の長さをもった興味深いストーリーを展開している。本章では、主にこれら三つの譬喩を紹介しよう。

1 譬喩とは何か――三車火宅の譬喩を通して

『法華経』の七つの譬喩の第一は譬喩品第三に説かれる三車火宅の譬喩である。方便品第二ではじめて説かれた一仏乗の思想の理論的な説明を理解できたのは、舎利弗《しゃりほつ》ただ一人であった。そこで、舎利弗は他の聴衆のために、一仏乗の思想をよりわかりやすく説いてくれるように釈尊に頼んだ。釈尊はそれに応えて、智慧ある者は譬喩によって理解できるであろうといい、三車火宅の譬喩を説く。大要を紹介しよう。

三車火宅の譬喩

あるところに一人の年老いた長者がいた。とても富裕で、田畑や邸宅や召し使いを多数もっていた。彼の邸宅は広大であるが、ただ一つの狭い門しかなかった。五百人ほどの人が住み、三十人ほどの長者の子供が住んでいた。とても古びており、火事が生じればひとたまりもないようなものであった。

この家に突然火事が生じる。長者はこの大火が四面から起こるのを見て、大いに驚き恐れ、自分はこの燃えている門から安全に脱出することができるが、子供たちは燃えさかる家の中で遊びに夢中になって、火事をまったく知らず、驚きも恐れもせず、脱出しようとする気もまったくないと考えた。さらに長者は自分には体力、腕力があるので、さまざまな道具を使って子供たちを脱出させようかと考えたが、家には狭く小さな門がただ一つあるだけなので、それも不可能であることに気づいた。子供たちは幼稚で、まだ何も知らず、遊び場所に愛着しているので、このままでは子供たちは焼け死ぬかもしれないと、長者は心配した。そこで、長者は子供たちのために、「この家は火事になった。今すぐ速やかに脱出して、火に焼かれ害されることのないように」と語り、すべての子供たちに、速やかに脱出しなさいと告げた。

ところが、このように父は子供たちを憐れんで、巧みな言葉で誘い教えても、子供たちは遊びに夢中になって、父の言葉を信じようとはせず、火事を驚かず、恐れず、結局脱出しようとする気持ちはなかった。子供たちは火事の意味も、家の意味も、生命を失うという意味も理解できず、ただあちこち走り回って父を見るだけであった。長者は「この家は大火に焼かれているので、私と子供たちは今脱出しなければ、必ず焼け死ぬだろう。私は今、巧みな手段を設けて、子供たちがこの害から免れるようにさせよう」と思い、子供たちが自分が好きな遊び道具や珍しい物にはひどく愛着する性格を知って、「あなたたちが好む遊び道具は数少なく、手に入れるのが難しい。もし取らなければ、きっと後に後悔するであろう。今、あなたたちが好むような羊車《ようしゃ》、鹿《ろく》車、牛《ご》車が門の外にあるから、それで遊びなさい。あなたたちはこの燃えさかる家から速やかに脱出しなさい。あなたたちの好きなだけ与えよう」と言った。

すると、子供たちは父の言った珍しい車のことを聞いて、それぞれ心勇み、たがいに押し退《の》けあい、先を争って走り、燃えさかる家を脱出した。長者は子供たちが安全に脱出することができ、みな四辻の露地に坐り、もはや障害のないのを見て、心はゆったりとして、躍り上がらんばかりに喜んだ。子供たちはそれぞれ「お父さん。先に約束した遊び道具の羊車、鹿車、牛車を今ください」と言った。そこで長者は子供たちに同一の大きな車を与えた。その車は高く広くて、多くの宝石で飾られ、周囲には手すりがあり、四面に鈴がかかっている。また、その上にはほろがさを張り、また珍しいさまざまな宝石で飾っている。宝石でできた縄が張りめぐらされ、多くの花飾りを垂らし、敷物を何重にも敷きつめ、赤い枕を置き、白い牛を結びつけている。その牛は皮膚の色は清潔で、身体は美しく、強い筋力がある。平らに歩き、風のように速い。また、多くの召し使いがこれを護衛している。

このようなりっぱな牛車を与えた理由について、この長者は限りなく富裕で、さまざまな倉庫はすべて満ちており、「私の財産は計量することもできない。下劣な小さな車を子供たちに与えるべきではない。今、これらの幼児はみな私の子供たちであるので、愛するのに偏りはない。私には計量することもできないほど多くの七宝で飾られた大きな車がある。平等な心でそれぞれに与えなくてはならず、差別してはならない。私のこの車を一国にくまなく与えても、私の財産は乏しくならないのであるから、まして子供たちには与えよう」と考えたからであると説明される。子供たちは大きな車に乗って、これまでにないすばらしい気持ちになった。本来の望みを越えたでき事であった。

譬喩の意味

この譬喩を『法華経』の文脈のなかに置いてみると、譬喩が何を意味しているのかは、詳しい説明がなくとも十分に明らかである。ただし、経典は、譬喩を説いた後に必ず譬喩の意味するところを自ら解説している。

それによれば、譬喩の「長者」は、智慧豊かな如来を指す。古びた家は欲界・色界・無色界の三界のこととされ、この家に生じた火事は衆生の苦悩や煩悩を指す。「長者の子」はいうまでもなく衆生を指す。そして、この衆生は生・老・病・死などのさまざまな苦に迫られながら、その苦に埋没し、遊び戯れて、三界における輪廻から解脱しようとしない姿が、子供たちが火宅の中で遊び戯れて脱出しようとしない姿にたとえられているのである。仏はこのような衆生の哀れなあり様を見て、自分は衆生の父であるから衆生を救いたいと思う。神通力と智慧の力らだけで、方便（巧みな手段）を用いなければ、衆生を救うことができないと知って、三界を脱出させるために、羊車にたとえられる声聞乗、鹿車にたとえられる縁覚乗、牛車にたとえられる菩薩乗の三乗を説くのである。しかし、仏は実際に火宅から出た子供たちに、大白牛車《だいびゃくごしゃ》を与える。これは『法華経』＝仏乗をたとえたものである。

この三車火宅の譬喩によって、仏がなぜはじめから一仏乗を説かずに、わざわざ方便の教えである三乗を説いたのかがわかりやすく示されたといえるであろう。

私たち人間の住む世界は燃えさかる家であるということが、三車火宅の譬喩で最も重要な点である。宗教は何らかの意味で、現実の人間の危機的情況を暴き出し、聖なる救済を約束するものである以上、私たち人間の置かれた危機的情況を的確に描写することが、まずもって重要な要素となる。私たちの住む世界が激しく燃えているということは、火事の恐怖が人々に印象深い点で、大きな効果がある。

次に、私たちの危機的情況をさらに深めている点は、私たちがこの危機にまったく無自覚であるということである。長者の子どもたちが遊びに夢中になっている姿は、まさしく私たちが自己の危機的情況を忘れて、身のまわりの娯楽、財産、地位、名誉などに執《と》らわれている姿に見事に通じるであろう。

三車家と四車家

この三車火宅の譬喩で説かれる三車のなかの牛車と、最後に与えられる大白牛車とが同じかどうか、中国では解釈が分かれた。同じであれば、車は全部で三種となり、異なるのであれば四種となる。

前者の解釈をとる人々は三車家《さんしゃけ》と呼ばれ、後者は四車家《ししゃけ》と呼ばれた。三車家の代表が法相宗の基《き》であり、四車家の代表が法雲や智顗である。吉蔵は従来、三車家の代表とされてきたが、近年の研究によれば、三車家と四車家のいずれか一方に執著することのない自由な立場に立っていたとされる。衆生の悟りこそ重要であって、学説自体は衆生の悟りとの関係を踏まえて評価すべきであるというのである。

この議論の思想的意義は牛車にたとえられる『法華経』以前の大乗と、大白牛車にたとえられる『法華経』自身との優劣の問題であり、教判思想(一四〇頁参照)に関わってくる。すべての大乗経典は価値的に平等であるとする立場が三車家であり、他の大乗経典に対する『法華経』の優越性を強調する立場が四車家である。

方便品の三乗方便・一乗真実の思想に関していえば、声聞乗・縁覚乗の二乗だけが方便であり、菩薩乗は真実であるとする立場が三車家であり、声聞乗・縁覚乗・菩薩乗の三乗すべてが方便であり、仏乗＝『法華経』が真実であるとする立場が四車家である。したがって、三車家にとっては、三乗方便という表現は三乗のすべてが方便であるという誤解を招きやすいとされ、厳密には、三乗が実在すると説くことが方便とされる。つまり、『法華経』以前の教えでは、三乗が実在すると説き、『法華経』において菩薩乗＝仏乗だけが実在すると説くのであるから、「三乗が実在する」という昔の説き方は方便であると主張されるのである。

四車家にとっては、昔の三乗すべてが方便の教えとされる。昔の三乗の中の菩薩乗は、声聞乗・縁覚乗と相対的な大乗＝菩薩乗であって、『法華経』のような絶対的な真実の大乗＝仏乗ではないと解釈されるのである。

なお、菩薩乗と仏乗という用語に関して一言すると、いずれも菩薩が修行して仏となる教えを指し、因の視点から名づけたものが菩薩乗であり、果の視点から名づけたものが仏乗である。菩薩乗と仏乗が同じ内容を指すものとして用いられる場合もあるし、相対的な大乗を菩薩乗、絶対的な大乗を仏乗として区別する場合もある、ということになる。

『法華経』自体に三車家と四車家との両面が見られたからこそ、中国において解釈が分かれたのであるが、『法華経』に限らず多くの大乗経典を自らの優越性、絶対性に対する宗教的確信を表明した信仰の書と捉えるならば、『法華経』が本質的には四車家の立場に立っていることは当然のことであるように思われる。ただし、三車火宅の譬喩それ自身においては、法華経と他の大乗経典の優劣という教判的問題を予想していないはずである。

2　長者窮子の譬喩

家出をした息子

三車火宅の譬喩を聞いて一仏乗の思想を理解した、言い換えると、自分たちも成仏できることを認識した四人の声聞たちは続く信解品《しんげほん》第四において、自分たちの理解を長者窮子《ちょうじゃぐうじ》の譬喩に仮託して、釈尊に示す。譬喩の大要は次のとおりである。

ある子が幼いときに父のもとから逃走して、十年、二十年、五十年と長い期間、衣食にも困窮しながら他国を流浪した。一方、父は子を捜し求めながらも捜し当てることができず、ある都市に住みついて、莫大な財産と高い地位を得た。

窮子(生活に困窮する子の意)は偶然、その都市にたどり着き、父の邸宅の門の側で遠くから父の姿を見るが、もちろん父であるとは思いもつかず、「このような王のような威勢ある人の所は自分にふさわしくない。長くいれば、捕まえられ強制労働をさせられてしまう。むしろ貧しい村里に行って衣食を得よう」と思って急いで逃げ去った。

そのとき、父は、窮子の姿を一目見るなり、変わり果てた姿ではあるが、可愛いわが子であることに気づき、心は歓喜で満たされた。そこで、すぐに側近に窮子を追いかけて捕まえさせた。ところが、窮子は自分は何の罪もないのに捕まえられ、きっと殺されると思って気絶してしまった。遠くからこの様子を見ていた父は、窮子の心が長い流浪のためにすっかり卑しくなってしまっていることを認め、すぐに父子の名のりをあげることを諦めて、窮子の顔に冷水を浴びせて気絶から目を覚まさせて解放した。

窮子は命拾いしたと喜んで、貧しい村里に行った。その後、父は貧しい村里に似つかわしい貧相な二人の使者を窮子のもとに送り、二倍の給金が貰える糞便の汲み取りの仕事があると誘わせた。そして、窮子は父の邸宅で下男として汲み取りの仕事に従事することになった。ある日、やつれ果て、汚れた息子の哀れな姿を、父は窓から覗《のぞ》き、自ら汚れた姿に変装して窮子に近づき、言葉を交わす仲になった。その後、父は窮子に「いつまでもここで仕事をしなさい。どこにも行かないように。給料も増やしてあげよう。必要なものは何でもあげよう。おまえは他の労働者と違って真面目だから、私を父のように思いなさい。私もおまえを息子のように思おう」と告げ、窮子に「プトラ(息子)」という名前を付けてやった。窮子はこのようなよい待遇を喜んだが、相変わらず自分のことを単なる下男と思って、二十年間、汲み取りの仕事に従事した。

二十年後、窮子は父に信用されて、父の邸宅に自由に出入りできるようになるが、自分は相変わらず粗末な小屋に住んでいた。そのころ、父は病にかかり、死期の遠くないことをさとって、自分の莫大な財産の管理をすべて窮子に任せた。窮子は財産の管理をしながら、昔の下劣な心を払拭することがまだできずに、本来は自分が相続すべき財産の少しばかりも自分のものにしようとせず、住まいも小屋のままであった。

また、しばらく過ぎて、ようやく窮子の心も立派になり、かつての卑しい心を恥じるようにもなった。そこで、父は、国王、大臣、親族のものを自分の臨終の場に集めて、彼らの前で、父子の名のりをあげ、すべての財産を窮子に相続させることを宣言した。窮子は父の言葉を聞いて「私はもともと何も望んでいなかったが、今や宝の蔵が自然にやってきた」と大いに喜んだのである。

譬喩の意味と中国の教判思想

七つの譬喩のなかでも、仏の偉大な慈悲を身に迫るように感じさせるものは、この長者窮子の譬喩であろう。たとえば、わが子の苦労する姿を窓から覗き見する父の姿は、子をもつ親の涙を誘う場面である。難しい思想の説明よりも、このような場面が『法華経』の人気のもとになったのだと思う。

家出息子の物語という点では、この譬喩は『新約聖書』ルカ伝に説かれる「放蕩息子のたとえ」と類似している。しかし、類似している点は、子供の家出と帰宅という事実だけであり、二つのストーリーはかえって仏教とキリスト教の宗教の本質の相違を際だたせているように私には思われる。仏教においては、仏の慈悲に基づく衆生に対する段階的な教化と衆生自身の修行が救済の根拠と捉えられているのに対して、キリスト教においては、神の絶対的な恩寵が人間の救済の唯一の根拠となっているのである。

この長者窮子の譬喩は、譬喩の語り手である自分たち声聞は本来、仏の子であるが、自分から仏のもとを離れ、仏に出会っても、仏の子であることに気づかず、仏も声聞の心の下劣さを知って、すぐに仏の子であることを打ち明けず、長い期間、さまざまな方法で教化して、最後に仏の子であることを打ち明ける、という内容である。

『法華経』の方便品は、釈尊の一代の教化を三乗→一乗の順に整理している。これが中国における教判思想形成に一つの重要な基準を与えたのであるが、三乗→一乗という図式だけでは、多部の経典を整理するのに不十分であった。なぜなら、その図式では、三乗の中の声聞乗・縁覚乗の二乗＝小乗と、菩薩乗＝大乗との説時の前後関係さえ明示していないし、ましてや大乗の中の『華厳経』『大品般若経』『維摩経』などの位置づけに関しては何の示唆も与えられていないからである。

そこで、長者窮子の譬喩が注目されるようになったのである。上に見た譬喩の説明の中には当然のことながら明示されていないが、読み方によっては、この譬喩のなかに父が窮子を教育する過程が段階的に詳細に説かれていることに気づく。つまり、仏が声聞をさまざまな方法で教化する過程が詳しく明かされているということである。これに着想を得て、中国の教判形成者は、釈尊の一代の説法教化を整理したのである。言い換えれば、中国の多くの『法華経』の注釈家がこの長者窮子の譬喩の解釈のなかで、自らの教判思想を展開しているのである。

吉蔵による譬喩の解釈

たとえば、吉蔵は『法華義疏』巻第七において、次のように解釈している。

過去世において釈尊がまだ菩薩であったとき、衆生との間に大乗による教化という事実があった。それが父子の関係にたとえられる。しかし、その大乗による教化は成功せず、子の衆生は生死輪廻に流浪し、父の釈尊は衆生の大乗の善根を求めてもうまくいかない。

次に、衆生において輪廻の苦が極まると、衆生は釈尊から大乗の教化を受けたという過去の根源的事態に必然的に立ち返る。

一方、菩薩であった釈尊もその後成仏して、法身《ほっしん》の立場から衆生の救済の可能性を観察認識し、法身から舎那《しゃな》身《しん》(『華厳経』の教主であるビルシャナ仏のこと)を応現し、『華厳経』を説法する段階に入る。

しかし、『華厳経』における大乗の教化は、小乗しか受けることのできない声聞の劣った宗教的あり方と相応せず、結局、大乗による声聞の教化は断念される。この断念から、仏の方便力に基づく、声聞に対する具体的な教化が開始される。

はじめに、初成道のときに声聞に人天乗《にんでんじょう》(人間に生まれるべき善根である三宝に帰依することと五戒を守ることを説く人乗と、神々に生まれるべき善根である十善を説く天乗)を教える。次に、舎那身から釈尊の身を現わして、鹿野苑《ろくやおん》(初転法輪の地)において声聞に対して声聞乗・縁覚乗の二乗の教えを説く。

その後、声聞が二乗の教えによって修行し煩悩を断ち切った後に、ようやく大乗を聞くべき宗教的あり方が生じるようになったので、実際に大乗を教える。声聞はそれに疑心を生じることはなかったが、相変わらず大乗は菩薩のための教えであり、自分たちの学ぶべきものではないと思い込んでいた。

次に、声聞はすでに大乗の教えに接し、宗教的あり方もしだいに熟してきたので、『大品般若経』を説いた。

しかし、声聞は『大品般若経』によっても悟ることができなかったので、次に『維摩経』などの方等《ほうどう》経を説いて、声聞の心を陶冶《とうや》訓練した。

最後に、声聞の大乗を聞くべき宗教的あり方が完成したので、『法華経』を説いて悟らせた。その証《あかし》が舎利弗に対する授記である。

3　良医病子の譬喩

毒を飲んだ子供たち

如来寿量品第十六において、釈尊は良医病子《ろういびょうし》の譬喩を語って、「釈尊が涅槃に入るのは方便である」という思想を示す。譬喩の大要は次のとおりである。

智慧があり聡明で、処方と薬に熟達し、巧みに多くの病を治療する良医がいた。彼には大勢の子供がいた。彼はある仕事のために遠い他国に行った。彼の留守中、子供たちは毒薬を飲んでしまった。毒が効いて、悶え苦しんで地面にころげまわった。ちょうどそのとき、医者の父は帰宅した。毒を飲んだ子供たちの中には、本心(正気)を失ったものもいたし、失わなかったものもいた。子供たちは遠くから父を見て、みな大いに喜び、ひざまずいて、「よくご無事でお帰りになりました。私たちは愚かで、過失で毒薬を飲んでしまいました。どうか治療してさらに寿命を与えてください」と願った。

父はこのように子供たちが苦悩するのを見て、名医の薬剤調合の方法によって、色も香も味も良いすばらしい薬草を求め、こねたりふるいにかけたりして調合し、子供に与えて飲ませようとして、「この偉大な良薬は色も香も味もみなすばらしい。あなたたちよ。飲みなさい。速やかに苦悩は取り除かれ、もはや憂いはなくなるでしょう」と言った。子供たちの中の本心を失わない者たちは、この良薬の色も香もともによいのを見て、すぐに飲んだところ、病はすべて除かれ治った。

その他の本心を失った者たちは、父が帰ってきたのを見て、また喜んで挨拶して、病の治療を求めたけれども、与えられた薬を飲もうとはしなかった。なぜかと言えば、毒気が深く入りこんで本心を失っていたので、このすばらしい色と香の薬をおいしくないと思ったからである。父は「この子供たちはかわいそうである。毒に中《あた》って心がみなひっくり返っている。私を見て喜んで治療を求めたけれども、このようなすばらしい薬を飲もうとはしない。私は今、巧みな手段を設けて、この薬を飲ませよう」と心で思い、「あなたたちよ。知るべきである。私は今、年老いて衰弱し、死ぬ時も迫っている。このすばらしい薬を今ここに置いておくから、取って飲みなさい。治らないことを心配しないように」といった。

このように教えてから、父はまた他国に行き、使者を派遣して「あなたたちの父親は死んだ」と告げさせた。このとき、子供たちは父が死んだと聞いて、心に大いに憂い悩んで、「もし父がいたならば、私たちを憐れんで救済してくれることができる。今、私たちを捨てて遠く他国で死んでしまった」と心で思った。自ら考えると、自分たちは孤独で、もはや頼りにする者もいない。常に心が悲しみに満たされ、ついに目覚めた。やっとこの薬の色と香と味のよいことを知って、すぐに取って飲んだところ、毒による病はみな治癒した。その父は子供たちがすべて治ったという知らせを聞いて、すぐに帰ってきて子供たちすべてに元気な姿を見せた。

譬喩の意味

この譬喩のポイントは、父が死んだという悲しい知らせによって、毒に中《あた》って本心を失った子供も正気を取り戻し、薬を飲んで病が治った、という点である。これが、釈尊が長遠な寿命をもちながら、仮に涅槃に入る姿を見せて、衆生に真剣な求道心を起こさせることをたとえているのである。したがって、父が死んだと知らせることは、子供を治療する方便であって、決して単なる虚偽ではないのである。仏教には守るべき五つの戒《かい》があり、その中に不妄語戒《ふもうごかい》（嘘をついてはいけないという戒め）があるため、方便を主題とする『法華経』は、しばしば方便は嘘ではないことを強調している。換言すれば、方便を説く仏には嘘の罪はないということである。

また、すべての子供の治癒を聞いた父が帰宅し、自分の元気な姿を子供たちに見せるのは、「見仏」にたとえられるであろう。

4　その他の譬喩

三草二木の譬喩

薬草喩品第五で釈尊の告げる三草二木《さんそうにもく》の譬喩は、空一面に垂れ込めた雲から、雨が大地を平等に潤すが、さまざまな植物はその種類にしたがって、それぞれ生長するというものである。三草二木とは、小・中・大の薬草と、小・大の樹木を指す。小の薬草は人・天の存在をたとえ、中の薬草は声聞・縁覚をたとえる。大の薬草と小樹と大樹はいずれも菩薩をたとえるが、その菩薩を三段階に分類したものであると『法華経』は解釈を与える。

仏の出現は大雲の起こることに、仏が世間の天・人・阿修羅に大音声によって説法することは大雲が三千大千世界を覆《おお》うことにたとえられる。仏はすべての衆生を救済するものであり、衆生の宗教的能力を認識し、それぞれの能力に適合した仕方で説法する。衆生の側でも、それぞれの能力に応じて仏道に入ることができる。このことが、大雲によって平等に雨を受けながら、三草二木がそれぞれの種子の性質に応じて生まれ育つことができることに重ね合わされる。

この三草二木の譬喩の意味は二点に分けられる。第一点は、仏の説法は本来、大雲による雨のように、同一、平等であることを示す。第二点は、衆生は三草二木のように、その宗教的能力にさまざまな相違があることを示す。この二点は、必ずしも仏は最初の段階では衆生の宗教的能力に応じて説法するが、最終的にはすべての衆生を同一、平等に成仏させるという『法華経』の思想と完全に対応しているのではないので、この譬喩は三草二木にたとえられる衆生の差別を肯定することに力点があるのではないかと誤解される危険性がある。しかし、この譬喩の趣旨は、仏が三乗などのさまざまな教えを説いた理由を明かすこと、つまり、三草二木にたとえられるように、衆生の側に宗教的能力の相違があったからであるという理由の説明と、そうであっても最終的には同一、平等な説法、すなわち『法華経』という一仏乗によってすべての衆生を成仏させることを告げることである。

化城宝処の譬喩

化城喩品第七で説かれる化城宝処《けじょうほうしょ》の譬喩は、五百由旬《ゆじゅん》の遠く、険しい道の果てに宝物がある場所＝宝処があるという設定ではじまる。隊商の群れは宝処を目指して旅立つが、あまりに険しい道のりのため、多くの者たちは宝物をあきらめ、途中で引き返そうと思う。そのとき、一人の指導者が、三百由旬のところに幻の城市＝化城(神通力によって作り出された城市)を作って、そこで、人々を十分休息させた後に、その化城を消し去って、人々を激励して、再び宝処を目指して旅立たせる。

釈尊は自らこの譬喩の意味を次のように解説している。如来は声聞たちのために偉大な指導者となる。この指導者は、生死や煩悩という悪路が険しく困難であり、道のりがはるか遠いものであるが、当然踏破し、越えるべきものであることを知っている。

もし衆生がただ一仏乗だけを聞けば、仏を見ようとも思わず、近づこうとも思わず、そのまま、「仏道ははるか遠いものであるから、長い間激しく苦労してやっと完成することができる」と心に思うであろう。つまり、成仏という理想があまりにも高遠な理想なので、声聞たちにはとても手の届かないものと受け取られることを指摘しているのである。

仏はこのような声聞の臆病で下劣なことを知って、巧みな手段によって、道の途中において、休ませるために、二種の涅槃を説く。この二種の涅槃とは、声聞と縁覚の涅槃と解釈できる。もし衆生がこの二種の涅槃の境地にとどまれば、如来はすぐに彼らのために、「あなたたちはなすべきことをまだなし終えてはいない。あなたたちのとどまっている境地は仏の智慧に近い。当然観察して考えるべきである。獲得した涅槃は真実ではない。ただ如来が巧みな手段を設ける力によって、一仏乗について区別して三乗を説いただけである」と説く。このことは、譬喩の中の指導者が、人々を休ませるために大きな城市を化作《けさ》し、人々が休んだことを知って、彼らに「宝の場所は近くにある。この城市は真実ではない。私が化作しただけである」ということにたとえられる。

この化城宝処の譬喩は、三乗方便・一乗真実について、声聞・縁覚の涅槃と真実の涅槃という対比で明らかにしている。声聞が阿羅漢という理想に到達し、縁覚が辟支仏という理想に到達することが小乗の涅槃である。涅槃に入れば、二度とこの世に生まれないとされた。したがって、涅槃を得てしまえば、菩薩に転換して、改めて大乗仏教の菩薩道を修行して成仏するという余地はない。したがって、阿羅漢や縁覚が成仏できるということは通常はありえない話である。ところが、『法華経』は彼らの成仏を厳然と説いている。

そこで、二乗の成仏という不可能を可能にするために、『法華経』が考案した論理は次のようなものであった。二乗の得た涅槃は真実の涅槃ではないということである。したがって、阿羅漢や縁覚も改めて菩薩道を修行して成仏することができる。単純といえば、確かに単純であるが、原始仏教・部派仏教・『法華経』以前の大乗仏教にはなかった独創的な理論であった。

衣裏繫珠の譬喩

衣裏《えり》繫珠《けいしゅ》の譬喩は、五百弟子受記品第八で、授記されたばかりの五百人の阿羅漢の口を通して説かれる。ある親友の家で酔いつぶれた者が、親友が衣の裏に縫いつけてくれた宝の珠に気づかず、生活に追われて困窮し、苦労の果てに、親友と再会して、その宝の珠のことを打ち明けられるというものである。

阿羅漢たちは、この譬喩の意味について次のように説明する。釈尊が菩薩であったとき、私たちを教化して一切智(すべてを知る仏の智慧)の心を生じさせたが、私たちはすぐに忘れてしまった。そして、阿羅漢になり、小乗の涅槃というわずかな所得で満足してしまった。ところが、一切智を得ようとする願いはまだなくならなかったので、世尊は私たちを目覚めさせて、私たちの得た涅槃が真実の涅槃でないことを指摘したのである。私たちははじめて、真実には菩薩であることを自覚した。

経典には直接出ないが、親友が釈尊であり、酔いつぶれた人が声聞であり、無価《むげ》の宝珠《ほうじゅ》が一切智であることは容易にわかる。一切智は仏の智慧を意味するのであるから、声聞も阿羅漢という小さな所得ではなく、成仏という無価の宝珠をもつことができると述べているわけである。

髻中明珠の譬喩

安楽行品第十四では文殊菩薩にむかい、釈尊は髻中明珠《けいちゅうみょうしゅ》の譬喩を説く。世界を治める転輪聖王は、通常の戦功のものにはさまざまな恩賞を与えても、髻《もとどり》の中にただ一つもっている輝く珠(宝石)を与えることはない。しかし、特別に大きな戦功のあるものにはついにはそれを与えるというものである。

転輪聖王が通常の戦功のものに平凡な恩賞を与えることは、仏が煩悩を断ち切った声聞・縁覚に涅槃を得させるだけで、彼らのために『法華経』をけっして説かないことと同様であり、特別に大きな戦功のあるものに髻の中の輝く珠を与えることは、仏がこれまで説いたことのない『法華経』を説くことと同様であると示される。この『法華経』は如来たちの最高の説で、多くの説の中で最も深遠なものであり、最後に与える教えとされる。

これまでの釈尊はその長い教化のなかでも『法華経』を説いてはこなかったのだが、臨終の直前にはじめて『法華経』を説く、その理由をこの譬喩で示したのである。

以上、『法華経』の七つの譬喩を紹介した。これらの譬喩はいずれも我々が体験可能な、あるいは想像可能な平易なストーリーであり、我々の現実感覚に直接訴える力をもっているために、『法華経』の製作にあたって有効な説法の手段として採用されたのであろう。『法華経』の目指す大勢の救済の相手は必ずしも学識豊かな貴族や知識人ではないので、哲学的理論的な説明よりも、前述のような譬喩に対して、より一層の親近感を抱いたであろうと想像される。

あとがき

　僧侶以外に、経典を読誦する、またはできる一般人は実際には少ないと思われる。仏教が日本の思想・文化に大きな影響を与えたことを認める知識人も、教養としてでさえ、自ら経典を読もうとする人は少ないであろう。どうも仏教は難しいとして敬遠される傾向にあるようである。仏教の思想、世界観が現代人のそれと大きく異なるために受け入れがたいというような本質的な問題をひとまず置くと、この問題の背景には次のような事情がからんでいるように思われる。

　日本の近代化の過程において、日本の知識人は仏教や儒教を古い思想として捨て、欧米の先進的な科学技術とそれを支える新しい思想を熱心に学んだ。この知識人の傾向は日本の教育制度にも反映し、日本の大学教育においては、哲学の内容として、ほとんどの場合、西洋哲学が教授され、仏教についての知識を学ぶ機会はまったくなかったといっても過言ではない。一方、仏教界にも、一部の人を除いて、仏教の近代化を図ろうとする人材を欠いていたために、仏教の魅力を十分に人々に示すことができなかった。そのため、一般の人々は仏教を敬遠するようになったのではないであろうか。しかし、近年、仏教を見直す新しい時代思潮も現われ始めているので、仏教にかかわる人は、葬式仏教と批判される儀式中心の仏教に安住することなく、仏教思想を現代の諸問題を解決するための力ある思想として鍛え上げる努力をしなければならないであろう。

本書では、膨大な仏教経典のなかで「諸経の王」とたたえられてきた『法華経』を平易に紹介するとともに、その思想の魅力を引き出すよう心がけた。常不軽菩薩のあらゆる人々を未来の仏として尊敬するという実践を『法華経』の核心であると「はしがき」に述べ、本論でも考察を加えたが、この実践を三点に展開させたものが、本書第二部で考察した『法華経』の三種の中心思想である。すべての人々が未来の仏であるということは、すべての人々が平等に成仏することができるということである。これは方便品に説かれる一仏乗の思想である。部派仏教では説かれなかったことであり、大乗経典の中でも、部派仏教の修行者である声聞(厳密には声聞の最高位である阿羅漢)の成仏だけは説かれなかったが、『法華経』は声聞を含むすべての衆生の成仏を説いた。では、なぜ衆生は成仏できるのか。永遠の生命をもつ釈尊が我々衆生を教化し、救い続けるからである。八十歳で亡くなった釈尊は仮の姿であって、その本質は永遠の存在であることを如来寿量品は明らかにする。この永遠の釈尊の大いなる力に支えられ、菩薩道を実践することによって、人々は成仏することができるのである。そして、永遠の釈尊の存在とその力に支えられながら我々が平等に成仏できるということを自らも堅く信じ、そしてその宗教的メッセージをすべての衆生に伝えていく生き方、言い換えれば、相手の成仏を堅く信ずるがゆえに、人々を徹底的に尊敬する生き方を選び取る者が常不軽菩薩であり、釈尊の死後においては地涌の菩薩とされるのである。

私は学生時代から、大乗経典の中国人の手になる注釈書を研究してきたが、なかでも力を入れたものが、『法華経』の注釈書であった。『法華経』の注釈書の研究を進めるうえで、注釈の対象である『法華経』にも深い関心を持ち続けてきたが、このたび、岩波新書編集部から『法華経』についての執筆の機会を与えられたので、この機会を利用して、私の『法華経』観をまとめたいと思った。日本の思想・文化に大きな影響を与えてきた『法華経』に対する理解を深めていただくだけでなく、『法華経』思想の根本であるすべての人間の尊厳に目覚め、さらにそれを実現していく生き方に共鳴する読者が一人でも多く生まれれば、著者としては望外の幸せである。

また、本書を通して『法華経』に興味をもたれ、直接『法華経』を読んでみたいと思われる読者のために、いくつかの書物を紹介したいと思う。鳩摩羅什の漢訳の原文・訓読訳とサンスクリット語原典からの現代語訳を対照させた便利なものに、坂本幸男・岩本裕『法華経』上・中・下(岩波書店)がある。その他、サンスクリット語原典からの現代語訳には、松濤誠廉・長尾雅人・丹治昭義『法華経』I・松濤誠廉・丹治昭義・桂紹隆『法華経』II(中央公論社)、中村瑞隆『現代語訳　法華経』上・下(春秋社)などがある。鳩摩羅什訳からの現代語訳には、三枝充悳『法華経現代語訳』(第三文明社)があり、田村芳朗・藤井教公『法華経』上・藤井教公『法華経』下(大蔵出版)には鳩摩羅什訳の原文・訓読訳・現代語訳が含まれている。

なお、本書の出版にあたっては、企画・編集などの事務全般にわたって、編集部の早坂ノゾミ氏にひとかたならぬお世話になった。とくに、本書がこれまでの拙著にくらべ、少しでも読みやすいものになっているならば、それは氏のご協力のたまものである。心からの感謝の意を表したい。

二〇〇一年八月

菅野博史

菅野博史

1952年福島県生まれ
1976年東京大学文学部卒業
現在—創価大学文学部教授
専攻—仏教学，中国仏教思想史
著書—『中国法華思想研究』(春秋社)
『南北朝・隋代の中国仏教思想研究』(大蔵出版)
『法華玄義を読む—天台思想入門』(大蔵出版)
『増補新装版　法華経—永遠の菩薩道』(大蔵出版)
『一念三千とは何か』(第三文明社)

法華経入門　　岩波新書(新赤版)748

2001年9月20日　第1刷発行
2022年12月15日　第17刷発行

著　者　菅野博史《かんのひろし》

発行者　坂本政謙

発行所　株式会社 岩波書店
〒101-8002 東京都千代田区一ツ橋2-5-5
案内 03-5210-4000　営業部 03-5210-4111
https://www.iwanami.co.jp/

新書編集部 03-5210-4054
https://www.iwanami.co.jp/sin/

印刷・精興社　カバー・半七印刷　製本・中永製本

ISBN 4-00-430748-1　　Printed in Japan

岩波新書新赤版一〇〇〇点に際して

ひとつの時代が終わったと言われて久しい。だが、その先にいかなる時代を展望するのか、私たちはその輪郭すら描きえていない。二〇世紀から持ち越した課題の多くは、未だ解決の緒を見つけることのできないままであり、二一世紀が新たに招きよせた問題も少なくない。グローバル資本主義の浸透、憎悪の連鎖、暴力の応酬——世界は混沌として深い不安の只中にある。

現代社会においては変化が常態となり、速さと新しさに絶対的な価値が与えられた。消費社会の深化と情報技術の革命は、種々の境界を無くし、人々の生活やコミュニケーションの様式を根底から変容させてきた。ライフスタイルは多様化し、一面では個人の生き方をそれぞれが選びとる時代が始まっている。同時に、新たな格差が生まれ、様々な次元での亀裂や分断が深まっている。社会や歴史に対する意識が揺らぎ、普遍的な理念に対する根本的な懐疑や、現実を変えることへの無力感がひそかに根を張りつつある。そして生きることに誰もが困難を覚える時代が到来している。

しかし、日常生活のそれぞれの場で、自由と民主主義を獲得し実践することを通じて、私たち自身がそうした閉塞を乗り超え、希望の時代の幕開けを告げてゆくことは不可能ではあるまい。そのために、いま求められていること——それは、個と個の間で開かれた対話を積み重ねながら、人間らしく生きることの条件について一人ひとりが粘り強く思考することではないか。その営みの糧となるものが、教養に外ならないと私たちは考える。歴史とは何か、よく生きるとはいかなることか、世界そして人間はどこへ向かうべきなのか——こうした根源的な問いとの格闘が、文化と知の厚みを作り出し、個人と社会を支える基盤としての教養となった。まさにそのような教養への道案内こそ、岩波新書が創刊以来、追求してきたことである。

岩波新書は、日中戦争下の一九三八年一一月に赤版として創刊された。創刊の辞は、道義の精神に則らない日本の行動を憂慮し、批判的精神と良心的行動の欠如を戒めつつ、現代人の現代的教養を刊行の目的とする、と謳っている。以後、青版、黄版、新赤版と装いを改めながら、合計二五〇〇点余りを世に問うてきた。そして、いままた新赤版が一〇〇〇点を迎えたのを機に、人間の理性と良心への信頼を再確認し、それに裏打ちされた文化を培っていく決意を込めて、新しい装丁のもとに再出発したいと思う。一冊一冊から吹き出す新風が一人でも多くの読者の許に届くこと、そして希望ある時代への想像力を豊かにかき立てることを切に願う。

（二〇〇六年四月）

岩波新書より

宗教

最澄と徳一 仏教史上最大の対決　師茂樹
ブッダが説いた幸せな生き方　今枝由郎
ヒンドゥー教10講　赤松明彦
東アジア仏教史　石井公成
ユダヤ人とユダヤ教　市川裕
初期仏教 ブッダの思想をたどる　馬場紀寿
内村鑑三 悲しみの使徒　若松英輔
トマス・アクィナス 理性と神秘　山本芳久
アウグスティヌス 「心」の哲学者　出村和彦
パウロ 十字架の使徒　青野太潮
弘法大師空海と出会う　川﨑一洋
高野山　松長有慶
マルティン・ルター　徳善義和
教科書の中の宗教　藤原聖子

『教行信証』を読む 親鸞の世界へ　山折哲雄
国家神道と日本人　島薗進
聖書の読み方　大貫隆
親鸞をよむ◆　山折哲雄
日本宗教史　末木文美士
法華経入門　菅野博史
中世神話　山本ひろ子
イスラム教入門　中村廣治郎
ジャンヌ・ダルクと蓮如　大谷暢順
蓮如　五木寛之
キリスト教と笑い　宮田光雄
密教　松長有慶
仏教入門　三枝充悳
モーセ　浅野順一
日本の新興宗教　高木宏夫
イスラーム(回教)　蒲生礼一
背教者の系譜　武田清子
聖書入門　小塩力
イエスとその時代　荒井献

慰霊と招魂　村上重良
国家神道　村上重良
お経の話　渡辺照宏
死後の世界　渡辺照宏
日本の仏教　渡辺照宏
仏教〔第二版〕　渡辺照宏
禅と日本文化　鈴木大拙 北川桃雄訳